纺织产业对外贸易的隐含碳研究

姚蕾 杨楠楠 韩馥冰 耿安逸 吴轶伦 ◎ 著

知识产权出版社
全国百佳图书出版单位

图书在版编目（CIP）数据

纺织产业对外贸易的隐含碳研究/姚蕾等著. —北京：知识产权出版社，2018.7
ISBN 978-7-5130-5619-9

Ⅰ.①纺… Ⅱ.①姚… Ⅲ.①纺织工业—对外贸易—二氧化碳—排气—研究—中国 Ⅳ.①F752.658.1

中国版本图书馆 CIP 数据核字（2018）第 123963 号

内容提要

纺织产业经济增长迅速，贸易规模、进出口顺差逐年扩大，同时贸易的"高碳属性"问题也日益暴露出来。"高碳属性"使贸易竞争力大打折扣，不利于进出口贸易的可持续发展。本书从贸易与环境协调互动发展的视角出发，重点从贸易隐含碳的内在机理、贸易隐含碳的估算评价、贸易隐含碳的影响因素三个方面，对纺织产业贸易隐含碳问题进行深入研究，以此为基础探讨纺织产业贸易低碳发展路径的选择。

目前对纺织产业贸易隐含碳的系统研究较为匮乏，本书研究内容系统性较强，从理论层面到实践操作层面都有涉及，尤其对于纺织产业这样一个重要的特殊产业，此研究成果对产业贸易的低碳化发展战略与路径选择具有重要技术支持作用。

责任编辑：李 瑾　　　　责任印制：孙婷婷

纺织产业对外贸易的隐含碳研究
姚蕾 等著

出版发行：	知识产权出版社有限责任公司	网　址：	http://www.ipph.cn
社　址：	北京市海淀区气象路 50 号院	邮　编：	100081
责编电话：	010-82000860 转 8392	责编邮箱：	lijin.cn@163.com
发行电话：	010-82000860 转 8101/8102	发行传真：	010-82000893/82005070/82000270
印　刷：	北京虎彩文化传播有限公司	经　销：	各大网上书店、新华书店及相关专业书店
开　本：	787mm×1092mm 1/16	印　张：	12.5
版　次：	2018 年 7 月第 1 版	印　次：	2018 年 7 月第 1 次印刷
字　数：	280 千字	定　价：	58.00 元
ISBN 978-7-5130-5619-9			

出版权专有　侵权必究
如有印装质量问题，本社负责调换。

前　言

纺织产业经济增长迅速，贸易规模、进出口顺差逐年扩大，同时贸易的"高碳属性"问题也日益暴露出来。相对于未来国际经济贸易低碳化的大环境，"高碳属性"使我们产业的贸易竞争力大打折扣，也不利于进出口贸易的可持续发展。从长远发展的角度来看，对外贸易亟待向低碳化转型，以破解发达国家日益成熟的低碳贸易壁垒以及自身贸易发展所遇到的"高碳瓶颈"。

隐含碳解释了碳排放转移问题，本课题从纳入低碳因素的国际贸易理论出发，定量测度和分析纺织工业贸易隐含碳总量，提出贸易绿色低碳化发展思路、制定具体发展路径，这对于国家或地区在世界低碳经济新时代实现产业的贸易结构优化，进出口贸易向低碳排放、低环境污染、高附加值的"两低一高"贸易模式过渡，构建贸易与环境和谐共赢的新局面具有重要的现实意义，对外贸易绿色低碳化发展也是纺织产业绿色可持续发展的重要内容之一。

目前，就中国的样本研究而言，专门针对地区、纺织产业的讨论严重匮乏。主要集中在总体研究，较少分年份分国别地区具体探讨某一类产品贸易的隐含碳排放。纺织产业是高耗能产品，估算中国与主要贸易伙伴国贸易中隐含的二氧化碳排放量是很有必要的，一方面有利于中国真正了解纺织产业耗能情况，制定有效的节能减排策略，另一方面，有利于使中国的主要贸易伙伴正确评估其与中国纺织品的贸易利益，减少以贸易逆差为由对中国进行的贸易报复。

本研究包含以下5个核心内容。

第一部分，文献综述及内在机理分析。对相关基础理论进行融合和系统梳理，为研究贸易低碳化提供一定的理论依据。从理论和产业层面，探讨贸易低碳化内在影响机理。第二部分，中国纺织品服装贸易与环境行为描述性统计分析。对纺织产业贸易发展、能源消费与 CO_2 排放进行系统全面的历史回顾和现状描述性分析。第三部分，纺织产业贸易隐含碳核算分析。以贸易隐含碳的估算为导向，运用投入产出方法构建贸易隐含碳估算模型，测度和核算国家和重点地区纺织产业对外贸易发展各阶段的隐含碳排放情况，合理界定产业的碳排放责任。第四部分，纺织产业贸易隐含碳增长驱动因素分析及因素分解。具体运用结构分解和计量经济模型分析纺织产业出口贸易隐含碳的影响因素和与其他部门内在因果关系。通过AHP层次分析法，对贸易隐含碳增长驱动因素进行分解，分析分解结果并提出对策。第五部分，中国纺织产业贸易低碳化路径及对策建议。设定贸易低碳化发展的路径和关键要素，提出控制出口贸易隐含碳增长的对策建议。

技术路线如图1所示。

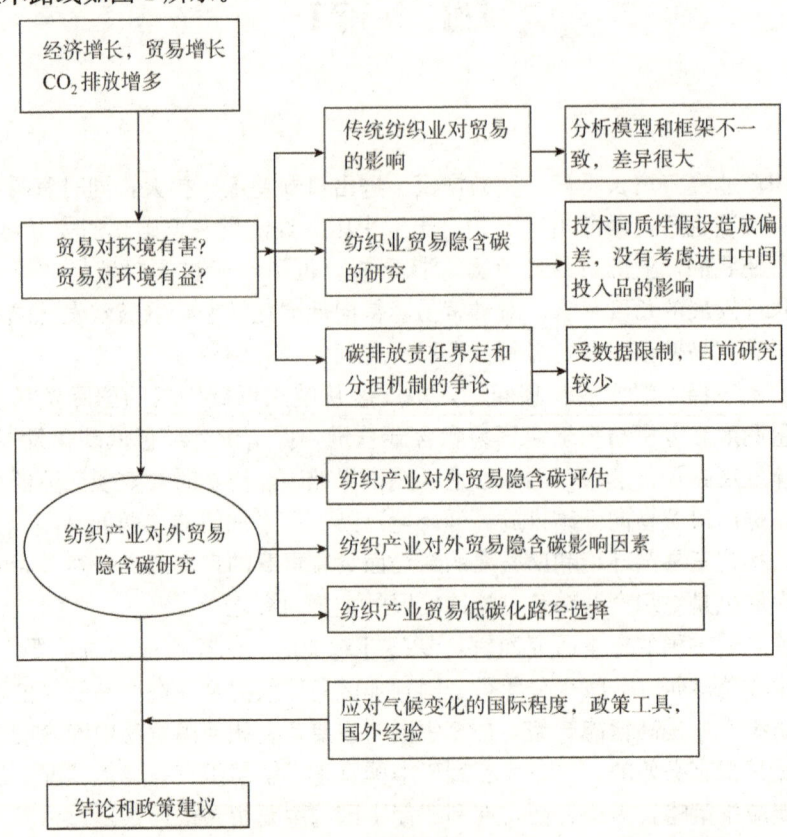

图1 结构框架和内容

课题组成员经历了搜集资料、书稿构思、整理资料、书稿撰写、专家审核、修正书稿、定稿阶段，通过两年来的共同努力，终于编著完成本书。在此，感谢课题组成员杨楠楠、韩馥冰、耿安逸、吴轶伦、张辉，特别感谢赵玉焕、王苒专家对书稿完成提供的学术指导和帮助。感谢所有参与人员的热情、智慧，感谢大家的辛勤工作和密切配合，感谢专家们的认真指导和审核，本书不足之处恳请读者批评指正。

目 录

第一部分 文献综述及内在机理分析

1 文献综述 ·· 3
  1.1 贸易隐含碳研究 ·· 3
  1.2 贸易低碳化路径研究 ·· 16
2 贸易低碳化相关理论及影响机理 ·· 19
  2.1 低碳贸易壁垒概述 ·· 19
  2.2 环境与贸易相关理论概述及影响因素提取 ···························· 25
  2.3 贸易对低碳化的影响机理 ·· 31
  2.4 低碳化对贸易的影响机理 ·· 34
  2.5 低碳化与贸易的双向影响机理 ·· 37

第二部分 中国纺织品服装贸易与环境行为描述性统计分析

3 中国纺织服装贸易发展分析 ·· 43
  3.1 中国纺织品服装进出口情况 ··· 43
  3.2 中国纺织品进出口情况 ··· 48
  3.3 中国服装进出口情况 ·· 53
4 中国纺织服装业环境行为描述统计分析 ····································· 59
  4.1 中国纺织服装业能耗情况 ·· 59
  4.2 中国纺织服装业"三废"排放情况 ······································ 61

第三部分 纺织产业贸易隐含碳核算分析

5 中国纺织服装业进出口贸易隐含碳的测算分析 67
5.1 隐含碳概念界定 67
5.2 研究方法和数据 68
5.3 中国纺织服装业贸易隐含碳排放测算 74
5.4 本章小结 90

6 基于碳核算的纺织产业碳排放责任分析 94
6.1 生产者责任与消费者责任 94
6.2 模型和数据来源 99
6.3 本章小结 111

第四部分 纺织产业贸易隐含碳增长驱动因素分析及因素分解

7 纺织服装出口贸易隐含碳驱动影响因素分析 115
7.1 理论假定 115
7.2 变量选取 117
7.3 数据来源及说明 118
7.4 建模及结果分析 121

8 纺织业贸易隐含碳增长驱动因素分解 125
8.1 AHP 层次分析方法的应用 125
8.2 综合分析过程 131
8.3 对策和建议 135

第五部分 中国纺织产业贸易低碳化路径及对策建议

9 贸易低碳化路径设定 141
9.1 产品生产环节 141
9.2 产品流通环节 144
9.3 国内环境规制 146

10 对策建议 ·· 148
10.1 政府层面 ·· 148
10.2 行业层面 ·· 153
10.3 企业层面 ·· 156

第六部分 专题研究

11 北京纺织服装产业国际竞争力与碳排放关系实证分析 ············ 161
11.1 研究背景及意义 ·· 161
11.2 概念界定 ·· 164
11.3 北京纺织服装产业碳排放估算与国际市场占有率测算 ·········· 165
11.4 模型实证分析 ·· 169
11.5 本章小结 ·· 173

12 基于完全碳生产率分析的中国纺织业产业转移研究 ·············· 176
12.1 研究背景及意义 ·· 176
12.2 基础概论 ·· 178
12.3 中国纺织业完全碳生产率的核算及分析 ························ 180
12.4 中国纺织业产业转移分析 ···································· 188
12.5 本章小结 ·· 192

第一部分

文献综述及内在机理分析

1 文献综述

1.1 贸易隐含碳研究

隐含碳（embodied carbon），是指产品生产或服务提供过程中直接和间接排放的二氧化碳（CO_2）总量。对隐含碳的测算有助于评估人类生产活动所带来的环境影响[①]。贸易隐含碳即指贸易产品内含的二氧化碳排放量。具体来讲，出口隐含碳是产品出口国（生产国）为满足产品进口国的消费需求，在本国为生产出口品所直接或间接排放的二氧化碳，而进口隐含碳则恰好相反。那么，一国的出口活动使该国增加了多少碳排放？进口活动又使该国减少了多少碳排放？而一国的对外贸易活动整体上是增加还是减少了该国的碳排放？通过贸易隐含碳的测算，可以评估进出口活动对一国碳排放总量产生的影响。如果一国出口隐含碳总量大于进口隐含碳总量，则该国是**隐含碳净出口国**，说明贸易活动增加了该国的环境负担，反之，则该国是**隐含碳净进口国**，说明贸易活动降低了该国的碳排放。贸易隐含碳的测算为界定各国的碳排放责任提供了依据。在国家间的进出口贸易中，产品从出口国（生产国）跨境移动至进口国（消费国），而内含在产品中的碳排放却发生在产品出口国（生产国）国内。那么，出口国（生产国）是否应该为那些为满足进口国（消费国）消费需求所产生的碳排放负责？学术界对贸易隐含碳的测算以及相应的碳排放责任的界定进行了大量实证研究并提出了相应的见解。

[①] 二氧化碳是人类活动产生的最主要温室气体，因此隐含碳测算是评估温室气体排放对气候变化影响的直观指标。

1.1.1 贸易隐含碳测算研究

(1) 贸易隐含碳测算方法

隐含碳的计算可以采用两种方法：一种是自下而上（bottom-up）的生命周期评估法（Life Cycle Assessment，LCA）；另一种是自上而下（top-down）的环境投入产出法（Environmental Input-Output，EIO）。

生命周期评估法，即计算产品从原材料到生产（或提供服务）、分销、使用、废弃或再利用的整个生命周期过程中各个阶段的碳排放总量。该方法比较适用于特定商品的量化评估，是深入分析一种产品全生命周期碳足迹的有效方法，但计算过程相对复杂。由于贸易产品种类繁多，对每一种产品进行 LCA 评估非常困难，使得采用 LCA 方法测算贸易隐含碳的可操作性较低，因而在贸易隐含碳测算中较少采用该方法。刘强等（2008）[①] 利用 LCA 方法，对中国出口贸易中的 46 种重点产品的载能量和碳排放量进行了计算、比较和分析，结果显示，2005 年中国 46 种出口贸易产品的碳排放量共 2.17 亿吨（折合为 7.96 亿吨二氧化碳当量），约占当年中国碳排放总量的 14.5%。

投入产出法由 Leontief 于 20 世纪 30 年代提出，20 世纪 60 年代后期开始被应用于经济增长与环境关系问题的研究。环境投入产出模型是将污染作为经济活动副产品纳入传统投入产出模型，用来衡量进出口商品直接或间接消耗的某种能源量及污染排放量。目前，环境投入产出模型已成为测算贸易隐含碳的主流方法。投入产出模型可以分为单区域投入产出模型（Single Regional Input-Output Model，SRIO）和多区域投入产出模型（Multi-Regional Input-Output Model，MRIO）。单区域投入产出模型用以计算一国/地区与其他所有国家的贸易中的隐含碳，将其他所有国家视为一个整体，并假设外国进口产品与本国产品采用同样的生产技术和能源投入方式，即进口产品与本国产品具有相同的碳排放系数。基于这一假设，单区域投入产出模型操作起来简单方便，但由于现实中不同国家的技术水平和能源结构存在明显差异，碳排放系数必然不同，因此采用单区域投入产出模型得出的测算结果存在误差，可能会高估或低估进口商品中的隐含碳排放。多区域投入产出模型考虑了不同国家技术水平的差异及各国碳排放系数的差异，采用进口产品来源国的碳排放系数进行测算，因而结果相较于单区域投入产

[①] 刘强，等. 中国出口贸易中的载能量及碳排放量分析 [J]. 中国工业经济, 2008 (8)：46—55.

出模型更加准确。Peters 和 Hertwich（2006）①采用多区域投入产出模型对挪威进行的研究表明，与单区域投入产出模型的计算结果相比，后者大大低估了挪威的贸易隐含碳排放。近年来，多区域投入产出模型在研究中得到广泛采用，但是该模型也存在对数据要求较高、存在不确定性等问题。

（2）对各国贸易隐含碳的测算

Wyckoff 和 Roop（1994）②是最早采用投入产出法进行贸易隐含碳测算的，他们对美国、日本、法国、德国、英国和加拿大6个最大的 OECD 成员国 1984—1986 年进口商品的隐含碳进行了定量分析，得出结论：6国进口商品的隐含碳占6国同期碳排放总量的13%。Ahmad 和 Wyckoff（2003）③运用投入产出法对 OECD 国家贸易隐含碳的研究显示，1995 年 24 个 OECD 国家隐含碳的净进口量与中国和俄罗斯两国加总的碳净出口量相等，占到全体 OECD 国家国内碳排放量的5%。在 OECD 单个国家中，澳大利亚、加拿大、捷克、丹麦、芬兰、荷兰、挪威和波兰是隐含碳的净出口国；美国、日本、韩国和几个欧洲最大的经济体（如英、德等）是隐含碳的净进口国；而匈牙利处于碳进出口平衡的状态。Lenzen 和 Murray（2001）④采用单区域静态的投入产出模型对澳大利亚最终消费中的隐含能源及隐含碳进行了分析。结果显示，对外贸易对澳大利亚的碳排放具有显著影响，其出口中的隐含碳和隐含能源远超过其同期进口产品中的隐含碳和隐含能源。Peters 和 Hertwich（2006）⑤采用多区域投入产出模型对挪威进行的研究表明，挪威进口贸易的隐含碳排放占其国内碳排放总量的67%，其中大约一半来自发展中国家。Astrid Kander 和 Magnus Lindmark（2006）⑥考察了 1950—2000 年瑞典对外贸易中的隐含能和隐含碳情况，指出瑞典是隐含能和隐

---

① Peters GP, Hertwich EG. Pollution embodied in trade: The Norwegian case [J]. Global Environmental Change, 2006 (16): 379—387.

② Wyckoff AW, Roop JM. The embodiment of carbon in imports of manufactured products: Implications for international agreements on greenhouse gas emissions [J]. Energy Policy, 1994, 22 (3): 187—194.

③ Ahmad N, Wyckoff AW. Carbon dioxide emissions embodied in international trade of goods [Z]. STI Working Papers, 2003.

④ Lenzen M, Murray J, Sack F, et al. Shared producer and consumer responsibility: Theory and Practice [J]. Ecological Economics, 2007 (61): 27—42.

⑤ Peters GP, Hertwich EG. Pollution embodied in trade: The Norwegian case [J]. Global Environmental Change, 2006 (16): 379—387.

⑥ 转引自：季春艺，杨红强. 国际贸易隐含碳排放的研究进展：文献书评 [J]. 国际商务，2011 (6): 64—71.

含碳的净出口国。Mongelli 等（2006）[①] 对 20 世纪 90 年代意大利的隐含碳情况的研究结果表明：意大利进口产品中的隐含碳约占其国内总排放的 18%，且进口隐含碳以 6.8% 的年均增速增长，其中，从发展中国家和转型经济国家进口的隐含碳年均增长率分别达到 8% 和 11%。Maenpaa 等（2007）[②] 对芬兰进出口贸易隐含碳的研究显示，1990 年至 2003 年芬兰一直是隐含碳的净出口国，且此趋势在不断加强。

Schaeffer 和 Leal de Sá（1996）[③] 采用单区域投入产出模型研究了 1970—1993 年巴西非能源商品进出口贸易中的碳排放，结果显示从 1980 年开始巴西出口贸易的隐含碳远大于进口，1990 年的净出口碳排放占到巴西总碳排放的 11.4%。而 Machado 等（2001）[④] 对 1995 年巴西贸易隐含碳的研究表明，巴西不仅是隐含碳的净出口国，而且其单位价值出口商品中隐含的碳排放比其单位价值进口商品中隐含的碳排放高 56%。Tolmasquim 和 Machado（2003）对 20 世纪 90 年代巴西贸易隐含碳的进一步研究表明，由对外贸易引致的碳排放量占巴西总碳排放量的 7.1%。

Kanemoto 和 Tonooka（2009）[⑤] 用多区域投入产出模型计算了 1995 年、2000 年和 2005 年日本与 26 个国家和地区对外贸易中的隐含碳。结果显示：日本进口贸易中的隐含碳量由 1995 年的 2.76 亿吨上升至 2005 年的 4.03 亿吨，占当年日本碳排放总量的比例从 1995 年的 22% 上升至 2005 年的 30%。虽然出口贸易中的隐含碳也在上升，但是比进口贸易中的隐含碳低。1995 年和 2005 年日本出口贸易中的隐含碳分别占当年全国碳排放量的 12% 和 22%。

周新（2010）[⑥] 利用 MRIO 模型采用 2000 年亚洲国际投入产出表，对包括中国在内的 10 个亚洲主要国家或地区的国际贸易中隐含的碳排放进行了核算。结果表明，美国为贸易中隐含碳排放的最大净进口国（464 Mt），日本次之（191 Mt），中国为最大净出口国（452 Mt）。

[①] 转引自：赵玉焕. 国际贸易中隐含碳研究综述 [J]. 黑龙江对外经贸，2011（7）（总第 205 期）.
[②] 转引自：赵玉焕. 国际贸易中隐含碳研究综述 [J]. 黑龙江对外经贸，2011（7）（总第 205 期）.
[③] Schaeffer R, Leal de Sá A. The embodied of carbon associated with Brazilian imports and exports [J]. Energy Conversion and Management，1996（37）：955—960.
[④] Machado G, Schaeffer R, Worrell E. Energy and carbon embodied in the international trade of Brazil：An input-output approach [J]. Ecological Economics，2001（39）：409—424.
[⑤] Kanemoto K, Tonooka Y. Embodied CO_2 emissions in Japan's international trade [J]. Jouranl of Japan Society of Energy and Resources，2009，30（2）：15—23.
[⑥] 周新. 国际贸易中的隐含碳排放核算及贸易调整后的国家温室气体排放 [J]. 管理评论，2010，22（6）：17—24.

丛晓男等（2013）[①] 基于 GTAP 国际投入产出数据，核算了全球 113 个国家或地区之间的贸易隐含碳。结果表明：全球贸易隐含碳巨大，占全球碳排放总量的 1/4 强；隐含碳流入、流出量存在明显区域差异，中国等金砖国家的净流出量较大，美国、欧盟等则净流入量较大。赵玉焕、田扬、刘娅（2014）[②] 采用双边投入产出模型，基于技术异质性假设，利用非竞争型投入产出表，对印度 1995—2009 年对外贸易中的隐含碳进行了测算，结果表明：印度出口隐含碳在 1995—2009 年增长迅速，由 115 Mt（百万吨）增长至 725 Mt，增长了 530%；进口隐含碳也在不断增加，由 39 Mt 增长至 215 Mt，增长了 451%；印度是一个贸易隐含碳净出口国。赵玉焕、刘娅（2015）[③] 基于投入产出模型，测算了俄罗斯 1996—2009 年的对外贸易隐含碳，结果表明：从 1996—2009 年，俄罗斯出口隐含碳由 446.32 Mt 增加到 627.45 Mt，进口隐含碳由 9.88 Mt 增加到 66.24 Mt；俄罗斯是隐含碳的净出口国。

以上研究普遍认为，国际贸易中隐含了大量的碳排放，主要发达国家是贸易中隐含碳排放的净进口国，而发展中国家和一些资源密集型的小型发达国家则是二氧化碳净出口国。

（3）对中国外贸隐含碳的测算

中国外贸的快速增长及其引发的环境和能源问题也是学者们关注的焦点。相关研究表明，作为世界第一出口大国，中国出口产品的隐含碳排放对中国碳排放总量有不可忽视的影响。

Ahmed 和 Wyckoff（2003）采用投入产出表研究中国进出口贸易中隐含碳排放，发现 1997 年中国的出口含碳量要明显高于进口含碳量。Weber 等（2008）[④] 运用 1987—2005 年中国投入产出表的测算发现，中国出口的隐含碳排放占总排放的比例从 1987 年的 12% 上升到 2002 年的 21%，并在 2005 年进一步上升到 1/3（1700 Mt），其中，发达国家的消费需求是驱动增长的主要因素。张晓平（2009）[⑤] 对 2000—2006 年中国货物贸易隐含碳的研究结果显示，中国出口商品隐含碳从 2000 年的 9.6 亿吨增加到 2006 年的 19.1 亿吨，占同期中国碳排放总

[①] 丛晓男，等. 全球贸易隐含碳的核算及其地缘结构分析 [J]. 财经研究，2013，39（1）：112—121.

[②] 赵玉焕，等. 基于投入产出分析的印度对外贸易隐含碳研究 [J]. 国际贸易问题，2014（10）：77—87.

[③] 赵玉焕，等. 基于投入产出分析的俄罗斯对外贸易隐含碳研究 [J]. 国际商务：对外经济贸易大学学报，2015（3）：24—34.

[④] Weber C, Peters G, Guan D, et all. The Contribution of Chinese Exports to Climate Change [J]. Energy Policy, 2008, 36 (9), 3572—3577.

[⑤] 张晓平. 中国对外贸易产生的 CO_2 排放区位转移分析 [J]. 地理学报，2009，64（2）.

量的30%～35%；扣除进口商品使中国避免在本土排放的二氧化碳，货物进出口贸易使净转移到中国的二氧化碳排放量从2000年的2.3亿吨增加到2006年的7.2亿吨，占中国二氧化碳总排放的比重从7.3%增加到12.7%。李艳梅和付加锋（2010）[1] 采用投入产出法对1997年和2007年中国出口贸易隐含碳排放进行了核算，结果分别为290.61 Mt和940.69 Mt，占中国生产活动碳排放总量的比重分别为28.47%和45.53%。闫云凤和杨来科（2010）[2] 研究得出，1997—2005年中国出口隐含碳排放增加了14.64亿吨，通过部门分类发现制造业、化学工业和纺织业对中国出口隐含碳增长的影响最大。许源等（2013）[3] 通过构建非竞争型投入产出模型评估了1995—2005年中国对外贸易隐含碳。研究发现，国内生产所排放的CO_2近1/4～1/3是由出口产生的，国内消费所隐含的CO_2近1/5～1/4是由进口来满足的，中国净出口隐含的CO_2占国内生产排放的CO_2的比例不断上升，为国外承担了大量的CO_2排放。另外，中间投入的进口为中国节省了越来越多的CO_2；中国对外贸易结构有助于CO_2减排，污染贸易条件略有好转，但2000年后对外贸易对CO_2减排的贡献度在减小。闫云凤（2013）[4] 在考虑加工贸易的前提下，运用非竞争进口型投入产出模型测量了中国对外贸易中的隐含碳。其结果表明：2007年中国出口隐含碳为20.64亿吨、进口隐含碳为17.66亿吨，净出口隐含碳为2.98亿吨，加工贸易隐含碳为0.83亿吨。马晓薇等（2015）[5] 核算了2002—2010年中国进出口产品隐含的碳排放情况，研究结果表明，近10年来中国是对外贸易隐含碳的净出口国，在2007年以前，对外贸易造成的进出口隐含碳均在增长，且出口隐含碳的增长更为迅速；虽然2007—2010年有所下降，但仍处于较高的水平，中国为其他国家承担了大量的隐含碳排放。

一些学者也研究了中国与主要贸易伙伴间的贸易隐含碳。You和Hewitt（2008）[6] 估算了2004年中英双边贸易的隐含碳排放。结果显示，通过中英贸易，

---

[1] 李艳梅，等. 中国出口贸易中隐含碳排放增长的结构分解分析［J］. 中国人口资源与环境，2010，20（8）：53—57.

[2] 闫云凤，杨来科. 中国出口贸易隐含碳增长的影响因素分析［J］. 中国人口·资源与环境，2010，20（8）：48—52.

[3] 许源，等. 中国国际贸易隐含的CO_2评估——基于非竞争型投入产出模型［J］. 上海交通大学学报，2013；47（10）.

[4] 闫云凤. 国际贸易、碳溢出与我国外贸结构低碳转型——基于非竞争进口型投入产出模型的实证研究［J］. 会计与经济研究，2013（3）：90—96.

[5] 马晓微，等. 2002—2010年间中国对外贸易中隐含碳核算及变化趋势［J］. 中国能源，2015，37（11）：27—32.

[6] You Li. and Hewitt C. N.

英国避免了11%的碳排放，中英贸易使得全球的碳排放量增加了近1.2亿吨。闫云凤、杨来科（2009）[①] 计算了1997—2007年中美贸易对气候变化的影响。结果表明，中美贸易使得美国的CO_2排放量减少了2%~4%，中国增加了14%~20%，全球增加了2%~4%。张晓平（2009）[②] 测算了中国与美国、欧盟、日本双边贸易的隐含碳，测算结果显示，中国对美国出口商品隐含碳量从2000年的2.0亿吨增加到2006年4.1亿吨，占中国每年碳排放总量的6%~7%，扣除中国自美国进口产品所避免的碳排放量，中美贸易中，中国碳排放净出口从2000年的1.3亿吨增加到2006年的3.2亿吨，占美国本土碳排放总量的比重从2.3%增加到5.2%，占中国二氧化碳总排放的比重从4.1%增加到5.1%。同期，中欧贸易中，中国出口隐含碳从1.5亿吨增加到3.7亿吨，扣除中国自欧盟的进口隐含碳，中国净出口碳排放从2000年的0.56亿吨增加到2006年的2.27亿吨，占欧盟本土总排放的比重从1.3%增加到5.1%，占中国总排放的比重从1.8%增加到4.0%。对中日贸易的测算结果显示，虽然出口到日本的商品使中国每年产生的碳排放量在1.5亿吨左右，但由于进出口商品碳排放强度的差异，中日双边贸易没有产生显著的碳排放区位向中国的净转移效应。闫云凤、赵忠秀和王苒（2012）[③] 利用OECD数据库中的中国和欧盟15国的投入产出表计算得出：1995—2010年中国对欧盟净出口隐含碳占中国总碳排放量的3.07%~8.41%。陈红蕾和翟婷婷（2013）[④] 分别采用双区域和单区域投入产出模型，估算中澳贸易的隐含碳排放，发现2007年以来中国在中澳贸易中为隐含碳净进口国。文章认为这可能是因为中国加入WTO后，市场准入程度变高，具有比较优势的产品出口和比较劣势的产品进口都快速增长。赵玉焕、王淞（2014）[⑤] 基于中日技术异质性，使用多区域投入产出模型（MRIO），利用WIOD数据库非竞争型投入产出表，对1995—2009年中日贸易隐含碳进行了测算，测算中考虑了工业生产过程碳排放和能源消耗碳排放。测算结果表明：从1995—2009年，在中日贸易中，中国出口隐含碳从40.78 Mt增长到152.78 Mt，进口隐含碳从12.25 Mt增

[①] 闫云凤，等. 中美贸易与气候变化——基于投入产出法的分析 [J]. 世界经济研究，2009（7）：40—44.

[②] 张晓平. 中国对外贸易产生的CO_2排放区位转移分析 [J]. 地理学报，2009；64（2）.

[③] 闫云凤，赵忠秀，王苒. 中欧贸易隐含碳及政策启示——基于投入产出模型的实证研究 [J]. 财贸研究，2012，23（2）：76—82.

[④] 陈红蕾，翟婷婷. 中澳贸易隐含碳排放的测算及失衡度分析 [J]. 国际经贸探索，2013（29）：61—69.

[⑤] 赵玉焕. 基于技术异质性的中日贸易隐含碳测算及分析 [J]. 北京理工大学学报（社会科学版）. 2014，16（1）.

长到 66.87 Mt，净出口隐含碳从 28.53 Mt 增长到 85.91 Mt。庞军、张浚哲（2014）[①] 基于 GTAP8 构建 MRIO 模型对中欧贸易隐含碳的研究表明，中国是典型的隐含碳排放净出口国，欧盟则是典型的隐含碳排放净进口地区。马晶梅等（2015）[②] 采用 MRIO 模型，对 1995—2011 年中美两国 20 个行业的贸易隐含碳进行测算得出：中国对美国出口隐含碳远大于其从美国进口的隐含碳规模，从而中国通过贸易承接了美国大量的隐含碳转移。

虽然采用的数据和计算方法存在一定差别，但以上文献的研究均表明，近年来中国出口中隐含碳排放要高于进口中隐含碳排放，中国是一个隐含碳的净出口大国。

1.1.2 贸易隐含碳驱动因素研究

在测算中国出口贸易隐含碳的同时，有越来越多的文献开始进一步分析隐含碳增长的驱动因素。其主流方法是利用分解技术模型分析碳排放增长因素，包括指标分解法（Index Decomposition Analysis，IDA）和结构分解法（Structural Decomposition Analysis，SDA）。IDA 将碳排放量表示为几个因素指标乘积，并根据确定权重的方法进行分解，确定各个指标的增量数以得出指标的影响效果。该模型优势在于可以使用部门加总数据，数据要求相对较低，且分解形式包括绝对值、强度、弹性等，操作方法相对简单，缺陷在于无法进一步分解最终需求结构、中间投入技术等因素。SDA 的方法是基于投入产出表，将经济系统中某个因变量的变动分解为多个独立自变量变动之和，进而测算各自变量对因变量变动的贡献大小（张娟，2015）[③]。该模型优势在于可以凭借投入产出模型分析各种直接或间接的增长因素，缺陷是对数据要求相对较高。本书采用 IDA 中广泛使用的对数平均迪氏指数法（Logarithmic Mean Divisia Index，LMDI）进行研究。Ang（2005）[④] 在比较了各种分解方法的基础上提出 LMDI 是一个更优的方法，并对 LMDI 方法的使用进行了详细说明，使之成为目前进行影响因素分解分析的常用方法。

[①] 庞军，等. 中欧贸易隐含碳排放及其影响因素——基于 MRIO 模型和 LMDI 方法的分析 [J]. 国际经贸探索，2014，30（11）：51—65.

[②] 马晶梅，等. 基于 MRIO 模型的中美贸易内涵碳转移研究 [J]. 统计与信息论坛，2015，30（9）：40—47.

[③] 张娟. 中国对外贸易的环境效应评估及其政策研究 [M]. 北京：科学出版社，2015.

[④] The LMDI Approach to Decomposition Analysis-A Practical Guide.

张友国（2010）①对1987—2007年中国外贸隐含碳的研究及运用 SDA 分析六大因素的结果表明，2005年以来中国已成为隐含碳的净出口国，而贸易隐含碳的迅速增加主要是由贸易规模的增长带来的，不断降低的部门能源强度则是抑制其增加的主要因素，而进出口产品结构、投入结构、能源结构及碳排放系数的变化对其影响较小。Yan 和 Yang（2010）②利用 SDA 将隐含碳排放变化分解为技术效应、结构效应和规模效应。结果显示，中国出口中隐含碳排放从1997年到2007年增长了449%，其中规模效应为450%，结构效应为47%，技术效应为－48%，说明出口规模扩大是中国出口隐含碳增加的主要原因。李艳梅和付加锋（2010）③将影响因素分解为直接碳排放强度效应、中间生产技术效应、出口总量效应和出口结构效应4种，通过 SDA 模型对1997—2007年影响中国出口贸易隐含碳排放变化因素的研究显示：4个因素的贡献值分别为－638.95 Mt、132.41 Mt、1266.38 Mt 和－109.77 Mt，说明不断增长的出口规模是中国出口隐含碳增加的主因，其次是中间生产技术的变化，而直接碳排放强度下降和出口结构改善虽产生了一定的减排效应，但无法抵消出口规模扩大带来的增排效应。此外，杜运苏、张为付（2012）④，王丽丽、王媛等（2012）⑤采用同样方法的研究也均显示，在四个驱动因素中，出口总量增长是导致中国出口贸易隐含碳排放增长的最大驱动因素。

王媛、魏本勇和方修琦等（2011）⑥运用 LMDI 方法研究了影响2005年中国贸易隐含碳净转移的3个因素——强度效应、规模效应和结构效应。结果表明：净转移隐含碳影响因素中强度效应（进出口商品完全碳排放系数差异）贡献率为60%，规模效应（进出额差异）贡献率为55%，结构效应（进出口结构差异）贡献率为－14%，说明中国相比国外的高碳排放强度是造成目前碳转移额外增加的主要因素。杜运苏、孙辉煌（2012）⑦运用 LMDI 分解技术，对中国

---

① 张友国. 中国贸易含碳量及其影响因素——基于（进口）非竞争型投入—产出表的分析 [J]. 经济学，2010, 9 (4).
② China foreign trade and climate change A case study of CO_2 emissions.
③ 李艳梅. 中国出口贸易中隐含碳排放增长的结构分解分析 [J]. 中国人口资源与环境，2010, 20 (8)：53－57.
④ 杜运苏，等. 100 中国出口贸易隐含碳排放增长及其驱动因素研究 [J]. 国际贸易问题，2012 (3)：97－107.
⑤ 王丽丽，王媛，毛国柱. 中国国际贸易隐含碳 SDA 分析 [J]. 资源科学，2012, 349120：2382－2389.
⑥ 王媛，魏本勇，方修琦，等. 基于 LMDI 方法的中国国际贸易隐含碳分解 [J]. 中国人口·资源与环境，2011, 21 (2).
⑦ 杜运苏，等. 中国出口贸易隐含碳排放增长因素分——基于 LMDI [J]. 世界经济研究，2012 (11)：44－49.

1997—2007年出口贸易隐含碳排放进行了分解。结果表明：出口总量的扩张是中国出口贸易隐含碳排放持续高速增长的最主要因素，排放强度的降低是抑制隐含碳排放增长最主要因素，出口结构变化对隐含碳排放的影响有限。因而提出：在短期内，通过提高能源利用效率降低排放强度是中国抑制出口中隐含碳排放增长的有效途径，而从长远来看，出口结构的调整升级则是可行的选择。

  对隐含碳影响因素的分解研究也涉及了双边贸易。Dong et al.（2010）[①]利用IDA方法分析了1990—2000年中日贸易中隐含碳排放的驱动因素，发现贸易规模扩大是驱动中日贸易中隐含碳排放增长的主要因素，而中国经济碳排放强度的降低对1995—2000年中国对日出口隐含碳排放起到了抵消作用。闫云凤、赵忠秀和王苒（2012）[②]对中欧贸易中的隐含碳进行了结构分解分析得出，规模效应是驱动隐含碳排放增长的主要因素，技术效应和结构效应虽然都有利于减少隐含碳排放，却不能抵消规模效应；中欧碳排放发生转移的原因除了贸易顺差外，还有双边不平衡的贸易结构和欧盟各国的低碳排放强度。赵玉焕、王淞（2014）[③]采用SDA分析，对1995—2009年中日贸易隐含碳的变化进行了因素分解。结果表明：在1995—2009年，对于中国对日本出口隐含碳的变化，规模效应促使了隐含碳的增长，技术效应促使了隐含碳减少，结构效应影响比较小。庞军、张浚哲（2014）[④]采用LMDI方法将2004—2007年中欧双边贸易中隐含碳变化的影响因素分为规模效应、结构效应和技术效应。结果表明：2004—2007年，中国对欧盟出口隐含碳排放总量增加显著，其中出口规模的扩大是导致隐含碳增加的主要原因，技术进步起着削减作用，结构效应总体为增加作用但程度很小；同期欧盟对中国出口隐含碳排放总量的增幅较小，其中规模效应起着增加的作用，而技术效应和结构效应则起着削减作用。马晶梅等（2015）[⑤]基于Grossman和Krueger提出的贸易环境效应分析框架，采用SDA对导致中美贸易隐含碳转移规模不断扩大的根本原因进行分析得出：1995—2011年在中国承接美国

---

  ① An analysis of the driving forces of CO_2 emissions embodied in Japan-China trade, Yanli Dong, Masanobu Ishikawa Xianbing Liu, Can Wang, Energy Policy Volume 38, Issue 11, November 2010, Pages 6784—6792.

  ② 闫云凤，赵忠秀，王苒.中欧贸易隐含碳及政策启示——基于投入产出模型的实证研究［J］.财贸研究，2012，23（2）：76—82.

  ③ 赵玉焕.基于技术异质性的中日贸易隐含碳测算及分析［J］.北京理工大学学报（社会科学版），2014，16（1）.

  ④ 庞军，等.中欧贸易隐含碳排放及其影响因素——基于MRIO模型和LMDI方法的分析［J］.国际经贸探索，2014，30（11）：51—65.

  ⑤ 马晶梅，等.基于MRIO模型的中美贸易内涵碳转移研究［J］.统计与信息论坛，2015；30（9）：40—47.

转移的 322.19 Mt 贸易隐含碳中，技术效应、结构效应和规模效应分别贡献了－75.6%、6.3%和169.3%，规模效应总体为正，且贡献率最高，结构效应总体为正，但影响很小；技术效应为负，证明中国企业能源利用效率的不断提升在一定程度上抑制了两国贸易隐含碳转移规模的扩张。

综上所述，中国对驱动因素的研究近年来才兴起，但已有研究涉及中国与不同贸易伙伴国之间隐含碳增长的驱动因素分析。在现有文献中，对贸易中的规模效应、结构效应及技术效应分析较多，也有些研究具体分解到碳强度效应、中间产品技术效应。此外，现有研究均表明，在"规模效应""结构效应""技术效应"三大效应中，"规模效应"对隐含碳增加的贡献率最大，结构效应贡献率较小，技术效应贡献率为负，说明中国在节能减排方面取得了一定进展。同时，国内学者还对他国贸易隐含碳问题进行了研究，研究结果也多显示：规模效应是隐含碳增长的主要因素。例如，赵玉焕、田扬、刘娅（2014）[①] 使用 SDA 模型对印度 1995—2009 年外贸隐含碳进行的因素分解分析表明：规模效应和技术效应是印度出口贸易隐含碳增长的主导因素；结构效应有助于印度出口贸易隐含碳的减少，但是影响相对较小。赵玉焕、刘娅（2015）[②] 使用 SDA 模型对俄罗斯 1996—2009 年的外贸隐含碳的因素分解分析表明：1996—2009 年，规模效应是俄罗斯出口隐含碳增加的主要驱动因素；技术效应和结构效应均在一定程度上抑制了俄罗斯出口隐含碳的增长。

1.1.3 贸易隐含碳排放责任研究

碳排放责任的分担一直是气候变化领域的主要议题。贸易隐含碳的测算，使碳排放责任归属成为讨论的焦点问题。

对于碳排放责任的界定，目前国际社会通用的是生产者负责制（Producer Pays Principle），即生产者对其境内生产能源、产品和服务所产生的二氧化碳排放负有全部责任。生产者负责制也称"污染者负责制"（Pulluter Pays Principle），体现了生产者的直接责任，有助于遏制生产企业进一步污染环境，促使企业采取措施降污减排。由于并未区分污染排放是用于本国消费还是外国消费，就贸易中的碳排放来说，生产者负责制体现为产品生产者需要为对外贸易中的碳排

[①] 赵玉焕，等. 基于投入产出分析的印度对外贸易隐含碳研究 [J]. 国际贸易问题，2014（10）：77－87.

[②] 赵玉焕，等. 基于投入产出分析的俄罗斯对外贸易隐含碳研究 [J]. 国际商务：对外经济贸易大学学报，2015（3）：24－34.

放负责，由此忽略了贸易的污染排放区位转移效应。Shui 和 Harriss（2006）[1] 研究了 1997—2003 年中美贸易的隐含碳量。结果表明，1997—2003 年中国碳排放总量的 7%～14% 是因美国的消费需求所致，而如果美国在其国内生产其进口的商品，美国的碳排放将增加 3%～6%。也就是说，美国从中国进口商品使美国碳排放量减少 3%～6%，而使中国碳排放量增加 7%～14%，最终导致全球碳排放总量的增加。Ackerman 等（2007）[2] 对美日贸易的研究表明，美国消费需求使得一部分 CO_2 排放转移到日本。Davis 和 Caldeira（2010）[3] 认为，发展中国家为满足发达国家的消费需求，在生产过程中造成了大量碳排放。由于发展中国家的碳排放是由发达国家的消费需求引致的，发达国家应该承担相应的减排责任。

针对"生产者负责制"的弊端，学术界提出了一种新的衡量准则：消费者负责制（Consumer Pays Principle），即由消费方对生产能源、产品和服务过程中的碳排放负责。Munksgaard 和 Pedersen（2001）[4] 比较了丹麦的消费碳排放和生产碳排放后提出，应采用"消费者负责制"计算一国碳排放量，这样才能真实反映一国 CO_2 排放量。Ahmad 和 Wyckoff（2003）[5] 的研究表明：1995 年，OECD 国家的消费隐含碳比生产隐含碳高 5.5 亿吨。在这一研究基础上，Nakano 等（2009）使用 OECD 的最新协调数据计算得出：1995—2000 年，OECD 国家的生产隐含碳增加了 8.6 亿吨，而消费隐含碳增加了 15.5 亿吨。Peters 和 Hertwich（2008）[6] 使用 GTAP 6（Global Trade Analysis Project）数据对 87 个国家 2001 年贸易隐含碳的测算表明，采用消费者负责制界定碳排放责任，将有效控制"碳泄漏"，为此提出应该以消费为基础计算一个国家的 CO_2 排放责任。Pan 等（2008）[7] 对 2002 年中国出口贸易研究后发现，假如从"消费者"角度重新核算

---

[1] Shui B, Harriss RC. The role of CO_2: embodiment in US-China trade [J]. Energy Policy, 2006 (34): 4063—4068.

[2] Ackerman F, Ishikawa M, Suga M. The carbon content of Japan-US trade [J]. Energy Policy, 2007, 35 (9): 4455—4462.

[3] Davis SJ, Calderia K. Consumption-based accounting of CO_2 emissions [J]. Proceedings of the National Academy of Science, 2010 (107): 5687—5692.

[4] Munksgaard J, Pedersen KA. CO_2 accounts for open economies: producer or consumer responsibility? [J]. Energy Policy, 2001 (29): 327—335.

[5] Ahmad N, Wyckoff AW. "Carbon Dioxide Emissions Embodied in International Trade of Goods," STI Working Paper 15, OECD, Paris, France, 2003.

[6] Peters Glen P, Hertwich Edgar G. Post-Kyoto greenhouse gas inventories: production versus consumption [J]. Climate Change, 2008, 86 (1—2): 51—66.

[7] Pan JH, Jonathan P, Chen Y. China's balance of emissions embodied in trade: approaches to measurement and allocating international responsibility [J]. Oxford Review of Economic Policy, 2008, 24 (2): 354—376.

CO₂排放量，中国在 2002 年的实际 CO₂ 排放量大幅降低。王媛、魏本勇和方修琦等（2011）[①] 对中国 2005 年贸易隐含碳的估算显示，中国因生产排放碳量远大于其消费需要排放的碳量，从国外净转移到中国的隐含碳为 395.66 Mt。闫云凤和赵忠秀（2012）[②] 计算出 2007 年中国生产隐含碳比消费隐含碳排放高 4.53%，净出口隐含碳达 2.98 亿吨。

  基于以上研究，国内外很多学者指出，"消费者负责制"应该成为各国核算碳排放量的基础，这样才能合理界定各国的碳减排责任。但是也有学者提出，以消费为中心的碳计算方法或许并没有想象中的有效。若是从消费角度考虑，生产者就不会积极地去减少碳排放，也会降低发展中国家创造更加清洁和有效的生产过程的积极性；而消费者由于缺少奖励和政策的约束，并不像理想中那样选择污染程度低的生产者，这些显然对全球碳减排是不利的。针对上述弊端，学术界出现了"共同负责原则（common pays principle）"的碳排放计算方法，即对于国际贸易中的碳排放，生产者和消费者都有相关责任，需共同负责。Ferng（2003）[③]提出以受益原则来合理界定碳排放污染责任，指出出口国通过碳排放获得可观收益，进口国进口产品来满足本国居民的消费需求，两者都从中获益，从而认为不论是生产活动还是消费活动都应该对过度的碳排放负有责任。Simone Bastianoni 等（2004）[④] 提出，共同负责制不仅可以鼓励消费者选择具有更好环境保护措施的生产者，也可以刺激生产者主动地去减少自身的排放，且此分配方法能够体现公平性，与单一的生产者或消费者负责原则相比，更容易被接受。Gallego 和 Lenzen（2005）[⑤]、Lenzen 等（2007）[⑥] 指出，与生产者负责原则相比，共同负责原则借助生产链上下游之间各环节的相互配合，紧密联系，有利于减少整体碳排放；与消费者负责原则相比，共同负责原则将成为生产者和消费者共同努力减少碳排放的"助推器"，并提出一种定量的计算"共同责任"的数学

[①] 王媛，魏本勇，方修琦，等. 基于 LMDI 方法的中国国际贸易隐含碳分解 [J]. 中国人口·资源与环境，2011，21（2）.

[②] 闫云凤，赵忠秀. 中国对外贸易隐含碳的测度研究——基于碳排放责任界定的视角 [J]. 国际贸易问题，2012（1）：131—142.

[③] Ferng J. Allocating the responsibility of CO₂ over-emissions from the perspectives of benefit principle and ecological deficit [J]. Ecological Economics，2003（46）：121—141.

[④] Simone B, Maria PF, Enzo T. The problem of assigning responsibility for greenhouse gas emissions [J]. Ecological Economics，2004（49）：253—257.

[⑤] Blanca G, Manfred L. A consistent input-output formulation of shared consumer and producer responsibility [J]. Economic Systems Research，2005，17（4）：365—391.

[⑥] Manfred L, Joy M, Fabian S, et al. Shared producer and consumer responsibility：theory and practice [J]. Ecological Economics，2007，61（1）：27—42.

方法，以对生产者和消费者共同承担的环境责任进行分配。Andrew 和 Forgie（2008）[1] 利用上述数学方法对新西兰的温室气体（Greenhouse Gas, GHG）排放责任进行分析发现，国内生产者承担排放量的 44%；消费者承担 56%，其中 28% 归结于国内消费者，27% 归结于国外消费者。周新（2010）[2] 利用多区域投入产出模型，分别通过"消费者污染负担"原则及"生产者与消费者共同负担"原则，重新试算了 10 个国家和地区的温室气体排放量，并同现行根据"生产者污染负担"原则编制的国家排放清单进行比较。结果表明：同现行国家排放清单相比，通过"消费者污染负担"原则调整后的国家温室气体排放量的变化幅度是 −525 Mt CO_2（中国）到 543 Mt CO_2（美国），而通过"生产者与消费者共同负担"原则调整后的国家温室气体排放的变化范围是 −327 Mt CO_2（中国）到 386 Mt CO_2（美国）。

上述 3 种碳排放责任界定原则，体现了国际社会对"隐含碳"问题的认识越来越深入、系统。"共同负责原则"毫无疑问是一种更理想的责任界定方法，但对发达国家更有利的"生产者负责制"目前仍是国际社会的通用方法。胡剑波、张强（2015）[3] 提出，中国作为世界第一大货物贸易国和第一大 CO_2 排放国，在气候谈判中不必强推消费者负责原则或共同负责原则，但要以此推动"共同但有区别责任原则"的具体化，即碳净出口国应承担更小的减排责任。

1.2 贸易低碳化路径研究

在对中国贸易隐含碳进行测算并分析其增长的驱动因素的基础上，很多学者提出了促进中国对外贸易与环境协调发展，逐步实现贸易低碳化的政策建议。这些政策建议主要集中在两个方面：一是通过技术进步和调整出口结构来发挥技术和结构效应在隐含碳增长中的负效应，抵消出口规模导致的增排效应；二是加强国内的环境规制，并在国际层面呼吁各国合理承担基于消费的碳减排责任，通过国际上的资金和技术转移，通过促进环境友好型产品的贸易自由化，降低贸易的

---

[1] Andrew R, Forgie V. A three-perspective view of greenhouse gas emissions responsibilities in New Zealand [J]. Ecological Economics, 2008, 68 (1−2): 194−204.

[2] 周新. 100 国际贸易中的隐含碳排放核算及贸易调整后的国家温室气体排放 [J]. 管理评论, 2010, 22 (6): 17−24.

[3] 胡剑波, 等. 国际贸易中的碳排放污染责任认定原则研究进展 [J]. 生态经济（中文版）, 2015 (6): 19−22.

环境成本，实现贸易低碳化。

李艳梅和付加锋（2010）[①] 从结构分解分析模型的计算结果出发，认为促使中国出口贸易隐含碳排放增加的主要原因在于出口总量的不断增长，其次是中间生产技术的变化，因而改变中国的"世界工厂"地位是减少出口贸易隐含碳排放的最有效途径。但是，由于受经济发展阶段和产业结构的制约，短期的现实选择仍然是全面推进技术进步和改善出口结构，通过进一步强化其减排效应来部分抵消巨大出口总量所产生的增排效应。庞军、张浚哲（2014）[②] 也认为，从短期来看，调整出口结构、推动技术进步、提高能源利用率、淘汰落后产能、适当增加进口都是降低出口隐含碳排放的有效途径；而从长期来看，要改变我国隐含碳排放净出口国的地位，则有赖于从根本上改变我国在国际分工中的地位，有效引导产业升级，减轻出口中对制造业尤其是高碳排放强度行业的过分依赖，实现向高附加值、低排放的高端制造业和第三产业的转型。马晓薇等（2015）[③] 认为，以化工、石油加工为代表的传统行业碳排放大，能源强度高。在政策的选择上要对这类行业的出口贸易设置限制；在满足国内需求的情况下，对这类行业产能进行限制，并建立良好的退出机制，逐步淘汰其产能。以通信设备制造和交通运输、仓储及邮电通信等精加工产业为代表的新型产业同时拥有较高的进口量和出口量，且进出口量均在增长。这些行业相对传统行业排放强度较低，应当把握其增长的趋势，为这类产业的发展创造便利的条件，加速这一趋势的发展。这些行业有成长为未来中国排放主力的潜力，在发展的同时，要通过税收、价格和法律手段进一步降低能源强度。通过引进先进技术，鼓励技术创新，改善和提高各部门的中间投入效率，降低部门能耗强度。从具体措施上，闫云凤（2014）[④] 通过对钢铁行业的研究指出，相比未调低出口退税率的产品而言，调低出口退税率的商品出口隐含碳增长率大幅降低，因此出口退税政策可作为中国减少出口隐含碳的一项措施。马晶梅等（2015）[⑤] 就中美贸易中的隐含碳问题提出，鉴于对美国出口贸易在相当长时期内仍然是中国国民经济的重要推动力之一，中国应主要依靠

[①] 李艳梅，等. 中国出口贸易中隐含碳排放增长的结构分解分析 [J]. 中国人口资源与环境，2010，20 (8)：53—57.

[②] 庞军，等. 中欧贸易隐含碳排放及其影响因素——基于 MRIO 模型和 LMDI 方法的分析 [J]. 国际经贸探索，2014，30 (11)：51—65.

[③] 马晓薇，等. 2002—2010 年间中国对外贸易中隐含碳核算及变化趋势 [J]. 中国能源；2015，37 (11)：27—32.

[④] 闫云凤. 中国对外贸易隐含碳研究 [M]. 上海：上海浦江教育出版社，2014：153—160.

[⑤] 马晶梅，等. 基于 MRIO 模型的中美贸易内涵碳转移研究 [J]. 统计与信息论坛，2015，30 (9)：40—47.

发挥技术和结构因素的负效应，在技术方面要进一步加大制造业尤其是重工业节能减排的技术投入，推广清洁和可再生能源，降低产品的单位碳消耗；在结构方面要培育和发展具有低碳特征的新兴产业及现代服务业，优化产业及贸易碳结构，控制高碳产品在生产和贸易中的比重，以达到缩减其通过贸易承接隐含碳转移规模的目的。

闫云凤（2014）[①] 指出，不能通过简单的限制出口增长或鼓励扩大进口来保护环境，实现对外贸易与环境协调发展的关键在于进一步加大中国环境规制力度，促进清洁生产技术进步，从而降低出口能耗强度及碳排放强度。同时，国际社会应该建立基于消费的温室气体核算体系，发达国家在为消费他国产品导致的碳排放负责的前提下，不仅要在本国立即开展减排行动，而且还应通过国际上的资金和技术转移，提高落后国家产品生产的技术水平，以降低自身消费排放、实现减排目标。闫云凤（2014）[②] 还指出，世界贸易组织（World Trade Organization，WTO）与《联合国气候变化框架公约》（United Nations Framework Convention on Climate Change，UNFCCC）应加强合作和支持，促进环境友好型产品的贸易自由化，使得这类产品以更低的成本得到使用和传播，同时对生产者产生激励，促进生产国扩大生产和出口。张娟（2015）[③] 也提出，在调控贸易规模，调整优化中国进出口产品结构，转变贸易增长方式的同时，中国还需进一步加强环境规制力度，促进技术创新降低污染排放强度，同时积极参加全球气候变化领域的国际合作。鉴于"发达国家消费，中国承担污染排放后果"的局面，在推进国际气候变化公约谈判的过程中，要积极倡导基于消费责任的温室气体排放核算体系，呼吁发达国家重新审视向中国转移的隐含污染排放成本，加大对中国清洁型生产技术的转移力度，定期提供一定的财政支持或资金援助中国尽快建立清洁发展机制，促进各产业部门中间投入技术的调整优化和各种污染排放系数的改善，减轻对环境的负面影响。

---

① 闫云凤. 中国对外贸易隐含碳研究 [M]. 上海：上海浦江教育出版社 2014：153—160.
② 闫云凤. 中国对外贸易隐含碳研究 [M]. 上海：上海浦江教育出版社，2014：153—160.
③ 张娟. 中国对外贸易的环境效应评估及其政策研究 [M]. 北京：科学出版社，2015：152—158.

2　贸易低碳化相关理论及影响机理

一直以来，贸易低碳化发展是国际组织所倡导的贸易发展路径，环境已经成为国际组织以及贸易相关国，甚至各国国内政府与组织制订国家经济发展计划关注的重点问题。由于中国服装和纺织品的出口量之大，导致服装产品出口的争议最多。很多国家及国际组织开始制定一系列的低碳贸易壁垒，试图减少由于贸易自由化而产生的生产扩张和消费增加，给环境带来的压力。同时贸易与环境之间的关系密切而复杂，讨论贸易自由化对环境影响的理论众多。因此，结合学术专家和服装产业研究者的诸多研究成果，从理论与服装产业的角度讨论贸易低碳化的影响机理，有利于构建贸易低碳化发展模式。

2.1　低碳贸易壁垒概述

低碳贸易壁垒是指针对产品生产、运输、消费和废弃处理等环节中碳排放量较高的产品，予以一定的限制或管制的国际贸易制度安排。其实质是以低碳环保为由，发达国家对发展中国家实施的一种贸易保护政策。低碳贸易壁垒包括碳关税、碳减排证明、碳标识等，其中最为常见的是碳关税和碳标识。[1]低碳贸易壁垒是由绿色贸易壁垒演化而来的新型贸易壁垒，长期被视作发达国家制约发展中国家低成本、高能耗产品出口的贸易保护措施。然而由于全球环境问题日益严峻，低碳化发展在各国的呼声越来越高，低碳化产品的出口竞争力也有所提高。

2.1.1　低碳贸易壁垒的表现形式

(1) 碳关税

碳关税是指对碳排放高的产品、服务和技术进口征收特别的二氧化碳排放关税。《京都议定书》要求其签署国达到一定的碳减排指标，其签署国为了达到要求，不得不提高其产品的成本，从而使其丧失国际竞争力，为了将减排成本分摊到没有承担减排义务的国家，发达国家针对碳排放设定贸易壁垒。由于发展中国家低碳技术相对落后，成为碳关税的主要课税对象。

碳关税最早由法国前总统希拉克提出，用意是希望欧盟国家针对未遵守《京都协定书》的国家课征商品进口税。导火线是2007年美国退出《京都议定书》，法国提出应当针对来自美国的进口产品征收"碳关税"。如果不收取"碳关税"，在欧盟碳排放交易机制运行后，欧盟国家所生产的商品将遭受不公平的竞争，特别是其境内的钢铁业等高耗能产业。2009年6月底，美国众议院通过的一项征收进口产品"边界调节税"法案，实质就是从2020年起开始实施"碳关税"，对进口的排放密集型产品，如铝、钢铁、水泥和一些化工产品，征收特别的二氧化碳排放关税。

由于目前国际上没有一个统一的碳排放量标准，世界上并没有征收"碳关税"的范例。但是瑞典、丹麦、意大利，以及加拿大的不列颠和魁北克在本国范围内征收碳税。碳关税与碳税是两种截然不同的税种，其针对的课税对象不同，碳关税是针对贸易进出口环节中高二氧化碳排放商品及服务的贸易关税，而碳税是针对国内流通环节中高二氧化碳排放产品及服务的国内税。两个税种都会在一定程度上增加出口产品的成本，但是税收所造成的影响和收益方式不同。"碳关税"是抑制贸易的关税壁垒，而碳税不会直接影响到国际贸易。"碳关税"由高碳排放产品进口国收取，这部分收益无法改善高碳排放产品生产国的环境和生产。碳税由生产地政府收取，这项财政收入可以用于资助环保项目或减免税额。

世界银行研究报告显示，如果全面实施"碳关税"，在国际市场上，中国制造可能将面临平均26%的关税，出口量因此可能下滑21%。中国现在每百万美元GDP所消耗的能源数量是美国的3倍、日本的6倍。我国出口产品也以高能源投入、低附加值产品为主。因此，若欧美国家再借气候环境问题，征收"碳关税"，中国将面临新一轮的贸易保护主义。纺织服装行业是一个资源依赖性和环境敏感性很强的产业，其污染排放不容小觑。据纺织行业专家测算，一条400克的涤纶裤，如果寿命2年，洗涤、烘干、熨烫会产生二氧化碳排放47千克，而一件250克的纯棉T恤，一生会产生7千克二氧化碳。2011年，我国服装产量超过24亿件，累计产生的碳排放量惊人。面对"碳关税"问题，能源瓶颈及减排压力，都要求我国纺织服装产业转变外贸经济增长方式，走绿色贸易发展之路。

(2) 碳标识

碳标识又称为"碳标准"或"碳足迹标签"。碳足迹就巴斯敏（Barthelme

等给出的定义而言,是指产品或活动在整个生命周期中产生的 CO_2 总量。碳标识是指示碳足迹的标志,定义为贴在产品包装上的披露产品生命周期中的碳排放量的低碳标志。其单位为 CO_2 质量,核算方法主要是按照其生命周期(从原材料的获取,产品制造、包装、运输、分销,产品使用,一直到产品废弃的整个过程)来计算的。随着对于产品碳核算的方法的发展,在产品上标示产品碳足迹的各类"碳标识"(carbonlabel)计划悄然兴起。目前,英国、德国、日本、加拿大和美国加州等发达国家和地区分别推出了碳足迹或碳等级的低碳标志,2013年国际标准化组织 ISO 颁布了产品碳足迹核算标准 ISO14067,用于指导使用生命周期评估方法而进行的产品碳足迹量化以及对外交流。

英国 PAS2050《商品和服务在生命周期内的温室气体排放评价规范》是目前世界上首个针对产品和服务的碳排放评价方法学规范,于 2008 年 10 月正式发布,目前还在不断修订中。根据这套规范,目前英国已有包括可口可乐在内的 100 个产品开始核算"碳足迹",并标注碳标识。

2008 年 7 月,日本内阁出台的《建设低碳社会行动计划》中明确提出了产品的碳足迹系统项目,即了解在整个生命周期中产品和服务的温室气体排放。韩国也于 2009 年开始要求产品标注碳标识。

各国和地区的碳标签制度见表 2-1。

表 2-1 各国及地区的碳标签制度

国家和地区	碳标签名称	碳标识样式	年份	发起组织	是否为政府
英国	碳减量标签(Carbon Reduction Label)	working with the Carbon Trust 100g CO_2	2007 年 3 月	Carbon Trust	政府出资
欧盟	二氧化碳之星(CO_2 Star)	co₂star care for climate!	2008 年	由欧盟国家联合支持	
法国	碳指数标签(Group Casino Indice Carbon)	INDICE CARBONE 450g de CO_2	2008 年 6 月	Casino 自售产品	

续表

国家和地区	碳标签名称	碳标识样式	年份	发起组织	是否为政府
日本	日本碳足迹标签（Carbon Footprint Label）		2009年	JEMAI	政府组织
美国	加利福尼亚碳标签（Carbon Label for California）	—	2009年	Carbon Label California	
美国	无碳认证标签（Carbon Free Label）		—	华盛顿碳基金公司	非政府组织
美国	气候意识标签（Climate Conscious Label）		—	Climate Conservancy	非政府组织
美国	北美碳标签（Carbon Labels）		—	Conscious Brands	
加拿大	碳计数标签（Carbon Counted）		2007年	Carbon Counted、Carbon Footprint Solutions	非政府组织
德国	产品碳足迹（Product Carbon Footprint）		2008年7月	THEMA1、WWF、Öko—Institut、Potsdam Institute for Climate Impact Research	非政府组织
瑞士	瑞士碳标签（Climatop）		2008年	Okozentrum Langenbruc	非政府组织
韩国	低碳标签（CO₂ Low Label）		2008年7月	Ministry of Environment	半官方性质

续表

国家和地区	碳标签名称	碳标识样式	年份	发起组织	是否为政府
泰国	泰国碳足迹标签（Carbon Footprint Label）		2008年7月	泰国温室气体管理组织（TGO）	
	碳标签（Carbon Label）	—	2008年	TGO	
	泰国碳标签		2008年	TGO	
中国台湾	台湾碳足迹标签（Carbon Footprint Label）		2008年6月	台湾地区当局所谓"行政院"永续发展委员会	非政府组织
中国香港	香港碳标签	—	2013年12月	建筑行业协会、零碳建筑有限公司	非政府组织

注：参考张南的《各国碳标签体系的特征比较及其评价》、裘晓东的《各国/地区碳标签制度浅析》以及网络搜索信息汇总所得。

在全球变暖及环境恶化的压力下，发展低碳技术及低碳产品是大势所趋，需要通过法规及市场驱动来促进低碳产品的开发和销售，而产品碳足迹评价和碳标签体系正是一个有效的手段。尽管许多国家都开发了不同的产品碳足迹评价方法和标签体系，但随着各国在碳足迹评价方法论方面的协调、融合，各国的低碳产品认证及标签体系也将趋于一致，有利于低碳产品的国际贸易。制定国际、国内温室气体管理标准、核算"碳足迹"、标注碳标识已成为大势所趋。

国家发改委能源研究所能源系统分析和市场分析研究中心主任姜克隽2016年年初表示：碳标识之战肯定会打响，关键是中国的企业是主动地去打还是被动地去打。2016年4月"绿色北京低碳行动"[①]论坛上，中国标准化研究院的副研究员刘玫表示，中国标准化研究院正在通过分析中国企业的需求，并参考国际上已有的评价方法和指南，研究适用于中国的企业温室气体核算、管理、减排、报

---

① 广西科技信息网：http://www.gxst.gov.cn/dtxx/gnkj/575695.shtml。

告方法，力图形成中国企业碳排放评价方法和报告指南，为在中国建立一套能够量化碳排放的系统及应对气候变化的标准体系进行铺垫。

产品碳足迹标识的作用主要分为三方面：一是帮助企业沿着整个产业链进行超前的温室气体减排努力；二是比较由其他供应链生产的相似产品的碳足迹，告知消费者，并进而影响消费决策；三是比较具有不同品质的相似产品的碳足迹。

(3) 碳减排证明

碳减排证明是不承担减排义务国家的产品在进入承担减排义务国家时，附随已经购买碳补助的证明，承担减排义务国家要求不承担减排义务国家的生产企业必须购买碳补助，作为其采取不同减排制度的补偿。

(4) 碳中和

碳中和也称"碳补偿"，是人们通过计算碳足迹，进行碳披露、碳管理，并且实施减少二氧化碳排放的措施，完成对于已排放碳进行抵消所采取的一种形式。

2.1.2 低碳贸易壁垒的影响

(1) 提高了国际市场准入门槛，贸易规模降低

美国、日本和欧盟等发达国家和地区是我国进出口贸易的主要市场，这些国家和地区对环境和安全日益重视，使得低碳贸易壁垒日趋完善，标准也越来越严格。无形中提高了国际市场的准入门槛，将碳排放量较大的产品排除在贸易之外。由于我国低碳技术薄弱，能够满足碳排放要求的企业和产品较少，这就对我国出口贸易带来很大的损失，导致贸易规模的降低。

(2) 增加出口成本，降低高排放国家产品的国际竞争力

为了达到进口国的低碳标准，出口国要在生产、加工、运输、储藏等各个环节加强碳监管和碳减排。无论是对碳排放的测算，还是碳减排技术和设备的更新都是极其消耗人力、物力、财力的事情，增加的成本生产者会将其转嫁到购买者身上，从而抬高价格而降低产品的国际竞争力。同时，也会导致贸易规模的降低。

(3) 促进减排技术的革新

为了满足进口国设置的碳排放要求，出口国企业要革新减排技术，使得其产品达到出口标准。因此付出大量的努力自主研发或是进口其他国家先进减排技术，前者单纯增加出口成本，减少贸易量；后者由于增加成本而导致货物贸易量减少的同时,增加了技术贸易量。但是无论通过何种途径,都促进了减排技术在各国贸易中不断更新和传播,从长远来看有益于贸易发展。

(4) 出口产品结构的调整

出口产品结构的调整包含两层含义:其一,由于碳减排能力的差异,以及各国自然资源禀赋的差异,进出口贸易国之间的贸易品结构变化。由于发达国家碳减排能力强,一定程度上增加了其低碳产品的出口量。同时将碳排放较大的产品转移至发展中国家,使得发展中国家的碳排放高的产品贸易量增加,因此贸易国之间进出口商品结构发生了改变。其二,由于低碳贸易壁垒的要求,出口国为了增加贸易量必须调整自身出口产品结构,使越来越多的产品符合贸易要求,增加了低碳产品的贸易量。从长远来看,为了满足低碳贸易壁垒的要求,使得高碳排放转出国和转入国都改进产品生产方式,能够顺利进行贸易的越来越多的是低碳的商品。

(5) 利用再生废弃物,鼓励绿色消费

低碳贸易壁垒的限制促使出口国的企业节约能源,降低经营成本,再生利用废弃物。同时,也带动绿色消费,使得越来越多的消费者关注低碳绿色企业及其产品,由低碳消费带动的进出口贸易也会更多地转向低碳产品。具有节能减排形象的国家和企业利用其低碳形象,可以更好地立足于贸易环境中。

2.2 环境与贸易相关理论概述及影响因素提取

2.2.1 贸易对环境影响关系的相关理论

(1) 环境效应理论

Grossman 和 Krueger(1991)最早利用环境效应理论分析贸易自由化,他们在研究北美自由贸易协定(NAFTA)时将贸易对环境的影响分为三种效应:规模效应、结构效应和技术效应。Copeland 和 Taylor(1994)用南北贸易模型,从规模、结构以及技术等方面对国际贸易与环境质量的关系做了理论分析,研究表明:自由贸易减轻了北方国家的环境污染,增加了南方国家的污染,最终世界范围内的污染物总量可能是增加的。各国环境标准的差异带来生产成本的差异,贸易自由化会导致污染密集型产业从环境成本较高的发达国家向环境成本较低的发展中国家转移，从而加剧这些国家的环境污染。分别通过规模效应、结构效应和技术效应这三种环境效应来分析贸易活动对贸易低碳化的影响机理。

Copeland 和 Taylor（2003）从一般均衡分析的角度给出了这三种环境效应的定义。"规模效应"是经济活动的扩张会增加温室气体排放。"结构效应"指由于相对价格发生变化，贸易改变了每个部门在一个国家生产中的比例，导致某些部门生产扩张，某些部门收缩。"技术效应"是指生产方法的改进可以降低生产过程中的 CO_2 排放。然而，其仅强调了每个环境效应单方面的作用，其实每种效应都具有双重的作用效果。

张娟（2012）通过构建贸易与环境的一般均衡模型，选取相关数据对我国贸易开放与环境污染的现状从总量规模、行业分布、区域分布以及不同贸易方式方面进行描述性统计分析。最后基于所得结论为我国实现贸易发展与环境保护"双赢"提出政策建议。[①]

其中，"规模效应"是经济活动的扩张会提高环境污染程度，同时提高自然资源的使用水平。即国际贸易带来的经济活动规模不断扩张而对环境产生的影响。"结构效应"指在国际贸易促进专业化分工的作用下，使得每个部门在一个国家生产中的比例发生了改变。同时，使得在低碳产品与非低碳产品在具有比较优势国家和缺乏比较优势的国家之间的结构调整。也可以说，国际贸易在区域经济发展水平不同、产品结构不同和贸易方式不同的前提下对环境的影响也不尽相同。"技术效应"对外贸易为了解决特定环境问题的技术和服务在全球范围内的扩散，使得环境保护技术得到更广泛的应用，也使得大规模开采资源、破坏资源的技术被广泛采用。

(2) 环境库兹涅茨假设

库兹涅茨曲线是 20 世纪 50 年代诺贝尔奖获得者、经济学家库兹涅茨用来分析人均收入水平与分配公平程度之间关系的一种学说。美国经济学家 Grossman 和 Krueger（1991）针对北美自由贸易区谈判中，美国人担心自由贸易恶化墨西哥环境并影响美国本土环境的问题，首次实证研究了环境质量与人均收入之间的关系，指出了污染与人均收入间的关系为"污染在低收入水平上随人均 GDP 增加而上升，高收入水平上随 GDP 增长而下降"。1993 年 Panayotou 借用 1955 年库兹涅茨界定的人均收入与收入不均等之间的倒 U 形曲线，首次将这种环境质量与人均收入间的关系称为环境库兹涅茨曲线（简称 EKC）。EKC 揭示出环境质

---

① 张娟. 中国对外贸易的环境效应研究 [D]. 武汉：华中科技大学，2012.

量开始随着收入增加而退化，收入水平上升到一定程度后随收入增加而改善，即环境质量与收入为倒 U 形关系（见表 2-2）。

环境库兹涅茨曲线产生后，国内外学者选取多种指标进行验证。实证分析中的解释变量一般相对固定，均采用人均 GDP。被解释变量则千差万别，有的选择大气污染指标，有的选择水污染指标，有的选择固体废弃物污染指标，有的选择生态破坏指标，甚至交通噪声指标。

表 2-2　EKC 研究中环境指标选择汇总表

指标类型	被解释变量	研究者
大气污染指标	二氧化硫（SO_2）	Selden
	二氧化碳（CO_2）	Selden
	烟尘	赵细康
	粉尘	赵细康
	降尘量	杨海生
	废气排放量	赵细康
	工业废气排放量	沈满洪
	人均废气排放量	赵细康
	废气密度排放量	高振宁
	工业废气排放密度	陈东
	有害气体	沈满洪
固体废弃物污染指标	固体废弃物产生量	李周
	人均生活垃圾	陈雯
	城市固体废物	陈雯
	工业固体废物产生量	陈雯
	工业固体废物排放量	沈满洪
	人均固体废物产生量	陈雯
	人均工业固体废物排放量	沈满洪
	固体废物排放密度	高振宁
	工业固体废物排放密度	陈东

续表

指标类型	被解释变量	研究者
水污染指标	废水排放量	赵细康
	工业废水排放量	沈满洪
	人均废水排放量	高振宁
	人均工业废水排放量	陈东
	废水排放密度	赵细康
	工业废水排放密度	沈满洪
	溶解氧（DO）	Shafic
	生化需氧量（BOD）	Grossman
	化学需氧量（COD）	Grossman
生态破坏指标	森林覆盖率	Shafik，Panayoto，Cole
	环境破坏事故数量	Lekak
其他环境污染指标	交通噪声	张思锋
	交通流量	Cole
	交通耗能	Cole

环境库兹涅茨曲线产生后，国内外学者经过大量的实证研究，发现环境库兹涅茨曲线中环境污染指标与经济增长指标关系都没有较为固定的关系。由于实证分析所选择的经济主体的不同和环境指标的不同，甚至研究年份的不同，都会使得EKC曲线呈现出不同的形态，如倒U形、U形、N形或同步关系。以大气污染指标为例，研究结果如表2-3所示。

表2-3 实证分析大气污染指标选择综述

研究国家或地区	研究年份	EKC曲线形态	研究作者
拉丁美洲	1972—1991	倒U形	Madhusudan
欧洲	1974—1989	正U形	Kaufma
亚洲	1950—1992	正N形	Mooma
中国山东	1988—2002	倒N形	邢秀凤
中国	1985—2003	倒S形	王瑞玲
130个国家	1951—1986	单调递增	Holtz
18个国家	1988—1994	单调递减	Skonhoft
19~42个国家	1977—1991	无规律	Torras

(3) 环境成本转移假说

Roldan Muradian 和 Joan Martinez-Alier 认为，资源密集型产品的生产会对当地生态环境造成一定程度的破坏，因此这类产品由于国际贸易而产生了环境成本的转移。现实中环境成本通常是从发达国家转移到发展中国家。如果将廉价初级产品的国际流动看作"生态流动"，由于环境成本从进口国转移到出口国，那么自由贸易可能促使更多的环境负担从进口国向出口国转移。发展中国家生产并出口初级的劳动密集型产品，发达国家则通过进口发展中国家的资源密集型产品，从而把污染物以"合理"买卖的形式留在发展中国家，结果是改善本国环境质量，而恶化国外环境。

但 Antweiler、Copelandand Taylor 证明，因为发达国家扩大了在资本密集型生产方面的专业化，发达国家与发展中国家之间的贸易将在发达国家增加污染；同时，因为发展中国家扩大了在劳动密集型生产方面的专业化，而减少了发展中国家的污染。总的来说，将减少全球污染，因为大部分的污染性的生产都发生在发达国家更为严格的环境标准之下。

(4) 要素禀赋理论

要素禀赋理论（又称"H—O 理论"或者"赫克歇尔—俄林理论"）以要素分布为客观基础，强调各个国家和地区不同要素禀赋和不同商品的不同生产函数对贸易产生的决定性作用。要素禀赋则是指一国所拥有的两种生产要素的相对比率，这是一个相对的概念，与其所拥有的生产要素绝对数量无关。

考虑到国际贸易与环境之间的相互关系时，张娟（2012）认为，根据要素禀赋效应理论，假定世界价格水平不变，给定人均收入水平，资本要素相对丰裕的国家倾向于出口污染密集型产品，贸易开放会增加该国的污染排放水平。相反，对于劳动力要素相对丰裕的国家，贸易自由化则会降低该国的污染排放水平。由于发达国家资本要素丰裕程度明显高于发展中国家，因此贸易自由化会使发达国家更倾向于资本密集型（同时也是污染密集型）产业的专业化生产，从而提高其污染排放水平；发展中国家从事相对清洁的劳动力密集型产业的专业化生产而导致本国的污染排放水平降低。

2.2.2 环境对贸易影响关系的相关理论

(1) "污染避难所"假说

"污染避难所假说"也称为"污染天堂假说"或"污染产业转移假说"。发达国家由于其对环境质量的要求偏高,制定的环境标准普遍高于发展中国家。那么,发展中国家实施的较为宽松的环境标准和环境管制措施可以视为发展中国家具有优势的要素,因而发展中国家在生产资源与污染密集型产品上具有比较优势。为了追求成本最小化,一些跨国公司会将高污染、高消耗的"肮脏"产业从发达国家向发展中国家转移,发展中国家的环境污染加剧,从而将成为世界"污染避难所"。

(2)"向底线赛跑"假说

Esty 和 Geradin(1997)指出,全球贸易自由化将会带来更多的"污染避难所",因为各国会纷纷降低各自的环境质量标准以维持或增强竞争力,出现所谓"向底线赛跑"的现象(Race to the Bottom Hypothesis,亦称"竞相降低标准假说")。"向底线赛跑"假说提出自由贸易造成环境标准在全球范围竞相下降。在自由贸易下竞争更加激烈,资本要素流动更加自由,大量涌入环境标准低的发展中国家,发达国家的失业率迅速上升。为了阻止这种资金外流现象,发达国家也会降低环境标准,结果全球的环境标准都下降,加剧全球的环境污染,甚至出现阻挠环境立法等漠视环境管制的现象。

(3)波特假说

在阐述环境管制和产业竞争力的关系时常会用到迈克·波特教授提出的"波特假说"。波特假说是指"适当的环境管制将刺激技术革新,从而减少费用,提高产品质量,这样有可能使国内企业在国际市场上获得竞争优势,同时,有可能提高产业生产率"。在此之前,人们认为"环境管制是企业费用增加的主要因素,对提高生产率和竞争力将产生消极影响"。波特假说的主张与此形成鲜明对比并因此受到人们的关注。

作为这一假说的根据,波特曾经举例指出,美国化学产业被要求付出的环境保护成本比其他产业要高,而其在国际市场的竞争力也加强;20世纪70年代日本和德国引进了更为严格的环境管制机制后,大大地促进了生产率的提高。另外,波特本人没有提到过的汽车产业也经常被人们所提及,也就是1978年日本汽车行业采用了日本式防止大气污染的方法,严格限制汽车排气,随后日本车在美国市场获得了飞跃发展。

2.2.3 影响因素提取

基于国内外学者的研究可知,能够用很多理论去解释环境和贸易之间的关系，如环境效应理论、环境库茨涅兹假设、环境成本转移假说，以及"污染避难所"假说等。低碳化是环境改善的一种表现形式，因此，借用环境和贸易关系的相关理论，来寻找贸易与低碳化互相作用的主要因素，可以为从主要因素入手分析并挖掘低碳化与贸易影响机理做理论支持。同时，将诸多理论分为贸易对环境的影响关系理论和环境对贸易的影响关系理论这样两大类进行阐述。直观地了解基于前人理论低碳化和贸易之间的作用方向。

上述各节是从每种理论中提取出了贸易与低碳化之间的主要影响因素，总结后如图2-1所示。

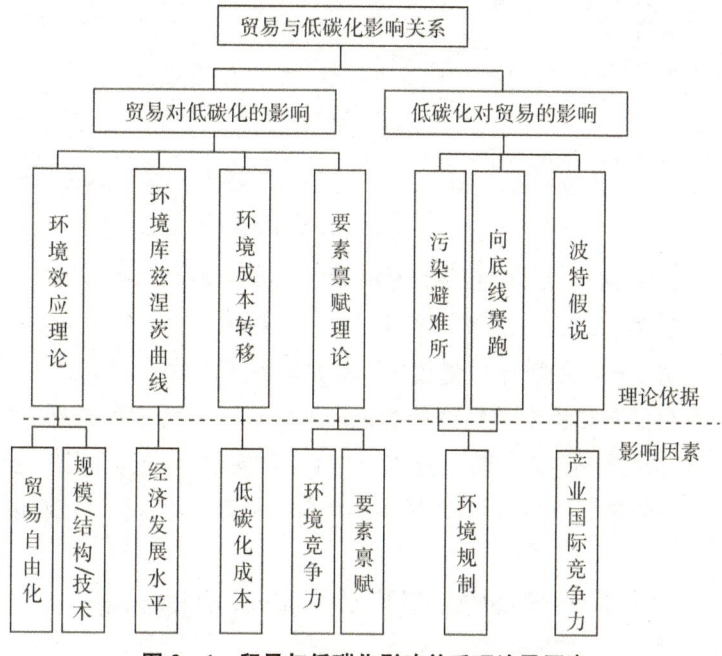

图2-1 贸易与低碳化影响关系理论及因素

2.3 贸易对低碳化的影响机理

2.3.1 基于经济发展水平因素的影响机理分析

基于环境库兹涅茨假说理论，贸易影响环境的主要因素是经济发展水平。以人均GDP来表示经济发展水平，以贸易隐含碳来表示低碳化水平。

根据 1995—2009 年我国纺织服装行业的出口贸易隐含碳和名义人均 GDP 的数据，拟合 EKC 曲线如图 2-2 所示。

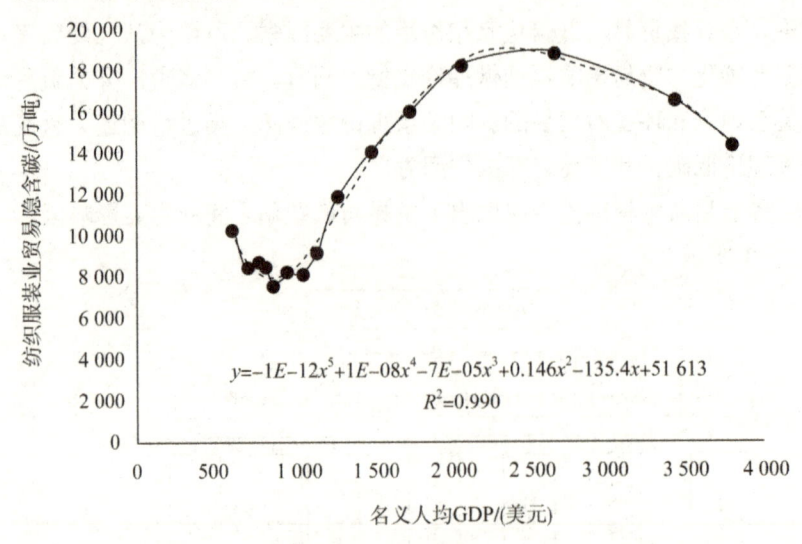

$$y=-1E-12x^5+1E-08x^4-7E-05x^3+0.146x^2-135.4x+51\ 613$$
$$R^2=0.990$$

图 2-2　中国纺织服装行业贸易隐含碳 EKC 曲线

上述研究表明，EKC 呈现整体倒 U 形曲线关系。当一个国家经济发展水平较低的时候，贸易产生的碳排放量较少，但是随着人均收入的增加，贸易隐含碳由低趋高，贸易低碳化程度随经济的增长而恶化；当经济发展达到一定水平后，也就是说，到达某个临界点或称"拐点"以后，随着人均收入的进一步增加，贸易隐含碳又由高趋低，其贸易低碳化逐渐改善，满足环境库兹涅茨假说。

2.3.2　基于低碳化成本因素的影响机理分析

根据环境成本转移假说，可以找到的贸易影响环境的主要因素是环境成本。其中，环境成本（environmental cost）是指商品在生产、使用、运输、回收过程中为解决和补偿环境污染、生态破坏和资源流失所需的费用总和。[①] 进一步引申到低碳化领域，低碳化成本是贸易影响低碳化的主要因素。而一国低碳化成本取决于该国的自然条件、低碳技术和环境和低碳政策。

自然条件，包括自然资源的丰裕程度和可替代更新程度，以及不产生外部成本的污染物吸收能力。由于环境容量和净化能力都属于稀缺资源，环境要素就应

---

① 吴蕾．中国对外经济贸易中环境成本转移的实证研究［D］．北京：北京工业大学，2007．

有其价格。而不同国家的环境要素价格不同，这对环境成本和低碳化成本的高低就有不同的影响。

低碳化技术能力，主要是指对碳排放的技术处理能力和修补能力，以及低碳技术的开发。成熟的低碳化技术以国家经济发展和科技进步为前提，这方面的丰缺也必然会影响低碳化成本。

低碳化政策，是影响低碳化成本最重要的因素。前两个因素对低碳化成本的影响要通过政策表现出来。政策体现在该国的低碳化标准上，各国标准不同直接影响该国厂商的生产成本。厂商为了满足低碳标准，需要为实现"碳减排"和"碳治理"投入技术研发和设备采购，构成了低碳化成本。政府征收碳排放费也是一种重要的政策手段，这直接形成了低碳化成本。因此，低碳化政策就成为影响低碳化成本最直接、最重要的因素（见图2-3）。

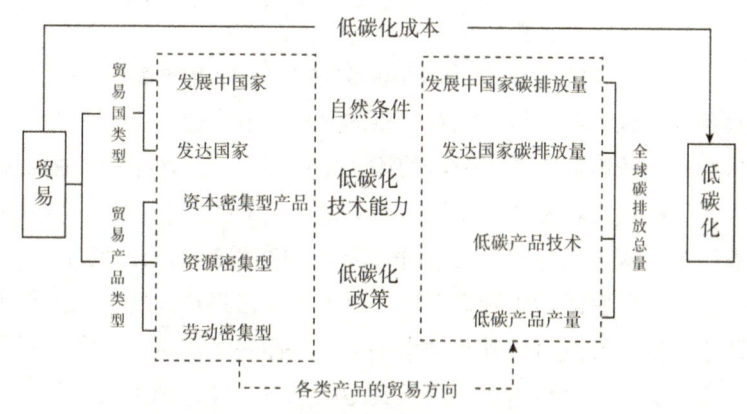

图2-3 基于环境成本转移假说的贸易对低碳化的影响机理结构图

贸易国根据经济发展水平不同可以划分为发达国家和发展中国家，进出口产品根据其依赖的生产要素也可以分为资本密集型、资源密集型和劳动密集型等类型，各类国家进出口的产品根据各国自然条件、低碳化技术能力和低碳化政策这些低碳化成本因素，来决定选择各国生产的产品种类，最终根据各类产品的贸易方向可以追踪到发达国家和发展中国家的碳排放量，以及低碳产品产量及其低碳技术的发展，作用于全球碳排放量，来体现贸易对低碳化的影响。

2.3.3 基于要素禀赋及环境竞争力因素的影响机理分析

在各国要素禀赋因素的作用下，可以将贸易国分为资本要素相对丰富的国家和劳动力要素相对丰富的国家。

33

如果将生产环保产品和保持国内某行业供应链整体低碳化的能力视为一种潜在生产能力，称为"环境竞争力"，那么就能够以各国的环境竞争力来衡量各行业产品生产的低碳能力。然后，把环境竞争力引入到要素禀赋理论模型中，也就是将环境竞争力作为影响产业要素禀赋的一个因素。所以资本要素相对丰富的国家将出口污染密集型产品（高碳排放产品），劳动力要素相对丰富的国家将出口清洁型产品（低碳排放产品）。最终导致全球的总碳排放量的变化，来衡量贸易的低碳化程度（见图2-4）。

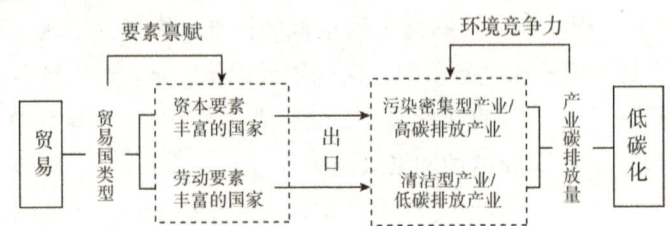

图2-4 基于要素禀赋理论的贸易对低碳化的影响机理结构图

要素禀赋理论认为各国按其相对充裕的要素从事专业化生产，并出口相应的产品，贸易对环境的影响依赖于一国的潜在生产能力。在污染排放强度相同的条件下，资本富裕的国家将专业化于资本密集型产品的生产和出口。贸易使资本富裕国家的高污染的资本密集型产业扩张，从而提高发达国家的污染水平。反之，资本欠缺的发展中国家的污染则会下降。对于污染密集产业所使用的要素相对富裕的国家而言，贸易开放将使其污染水平增加；而对于清洁产业所使用的要素相对富裕的国家而言，贸易自由化将降低其污染水平。发达国家较高的环境标准倾向于使其成为污染产品的进口者，而富裕的资本又倾向于使其成为污染产品的出口者。可以说，一个国家生产结构的变化取决于其"比较优势"，如果该国在非排放密集型部门有比较优势，贸易将会降低其温室气体排放，但如果在排放密集型部门有比较优势，贸易将会增加其温室气体排放。

2.4 低碳化对贸易的影响机理

2.4.1 基于环境规制因素的影响机理分析

根据前人的研究可以看出，环境标准、环境质量要求以及环境管制等环境政策因素是决定贸易方向的主要因素,这些因素也可以统称为"环境规制"。各国为了自己国内的环境保护及低碳化发展而设定了不同程度的环境规制政策,从两个层面对贸易产生影响。从国家的产业层面,在环境规制成本产生了差异,各国之间的国际竞争力有所不同,从微观层面,厂商(一般情况下是"跨国公司")考虑到为了满足环境规制政策而产生的生产成本的差异,进行选址。两方面的影响导致污染产品和清洁产品最终贸易方向的选择(见图 2-5)。

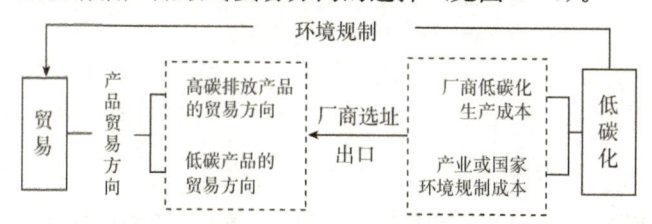

图 2-5 基于"污染避难所"假说的低碳化对贸易的影响机理结构图

(1)从微观层面分析贸易低碳化的影响机理

厂商对环境规制是敏感的条件下,即因环境规制而形成的环境遵从成本足够大,厂商为赚取利润而从事生产,为了实现利润最大化,在选址时会考虑遵从当地法规的成本,由于发达国家环境规制强度的增强,厂商遵从环境规制的成本会增加,使厂商将其生产转移到环境遵从成本较低的国家。上述也是发展中国家成为发达国家制造业的"污染避难所"的直观原因。可以视为贸易从环境规制强度较高的发达国家,转移到环境规制强度较弱的发展中国家。发达国家的碳排放量降低,而发展中国家碳排放量增加,通常增加量高于减小量,整体上对贸易低碳化产生负效应。

(2)从产业层面分析贸易低碳化的影响机理

较低的环境标准和松弛的环境管制手段将会促使某些发展中国家形成环境规制成本较低的国际竞争力产业,使得发达国家将碳排放较高的产业转移至发展中国家。一般来讲,发展中国家更多的是从事"肮脏"行业的生产,出口多集中于污染密集型和资源消耗型产品,而发达国家出口低碳产品。因此,由于污染者有可能将其生产转移到发展中国家的"污染避难所",贸易自由化的批评者担心"向底线赛跑"会令某些国家的环境标准崩溃。同样,随着发达国家的碳排放量降低,发展中国家排放量增加,通常整体上对贸易低碳化产生负效应。

2.4.2 基于产业国际竞争力因素的影响机理分析

对于环境与产业竞争力的关系有很多种说法,最主要的观点认为,环境保护会在产品和差异化这两方面对其有影响作用。环境保护可以使产品成本增加或者减少,可以使产品在环境特征方面存在正面或者负面的差异(见图2-6)。

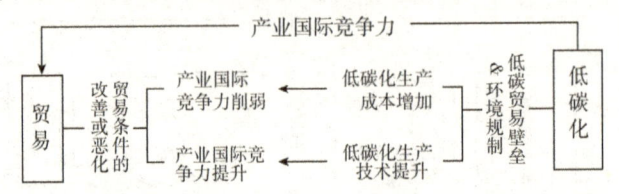

图2-6 基于"波特假说"的低碳化对贸易的影响机理结构图

有学者认为,环境保护会降低产业国际竞争力。因为企业为了在运作过程中达到环境保护的目的,必定会投入大量的人力、物力从而导致生产成本上升,价格优势降低,整个产业竞争力也随之降低。并且环境保护的收益却不是本产业或者本企业短期内就可以享受到的。简单来说,就是产业付钱,其他人受益。

而有学者认为,环境保护会提高产业国际竞争力。各种环保规制、绿色壁垒的出现会刺激企业在环境保护方面加大投资,这虽然增加了企业的成本,但是也同样刺激了企业在环境技术方面、绿色管理方面进行创新改革。从而使企业提高整体竞争力。

综合上述两种观点,环境保护虽然在短期内使企业的成本增加,但是从长远的角度来看,技术的创新、管理的优化都有利于企业减小成本。长此以往,必定会使企业生产成本降低。短期内升高的成本与长期改革后降低的成本部分可以抵消。但是企业生产的产品是环保的,消费者也越来越认同这种环保产品。企业在生产技术方面也有了提高。综合来看,环境保护是会提高产业竞争力的。

对于环境保护与纺织业的关系更是密不可分。我国纺织业属于污染密集型产业,其也同属于劳动密集型产业,技术含量低、附加值低。因此企业在技术创新和降低成本方面的可能性都不高。而环境规制在成本方面的影响是相对偏高的,又因为纺织品大部分用于消费,所以在环境方面要想实现差异化,仍然需要很大的努力。因此环境规制对于我国纺织业来说,有着很大的促进提高作用。

2.5 低碳化与贸易的双向影响机理

2.5.1 贸易自由化与环境效应因素的关系

从理论的产生和实证研究可以看出，贸易对环境的影响是通过贸易自由化这个主要驱动因素，分解出来规模效应、结构效应和技术效应三个效应，表现为贸易规模、贸易商品结构、贸易区域结构、贸易方式和中间生产技术这五个分因素，最终作用在环境上。在研究贸易低碳化时，环境可以表现为贸易隐含碳、行业碳排放系数、碳排放国别分布、低碳技术等因素。

在机理分析的过程中不难看出，理论之间是有所关联的，贸易与低碳化的相互影响过程中所考虑的因素也是有交叉和相互作用的。根据其影响机理的作用过程来判断，理论支撑的是低碳化对贸易的影响，还是贸易对低碳化的影响，根据提取出来的要素的着力点，可以把影响因素分为作用在贸易上的因素和作用在低碳化上的因素两类。不难看出，贸易自由化、经济发展水平、要素禀赋和产业国际竞争力是作用在贸易上的因素；而低碳化成本、环境竞争力和环境规制是作用在低碳化上的因素。只有规模、结构和技术效应是作用在贸易和低碳化两者上的因素。那么，不妨将规模、结构和技术效应作为综合分析贸易与低碳化影响机理的核心维度，结合其他因素整体阐述贸易与低碳化的影响机理（见图2-7）。

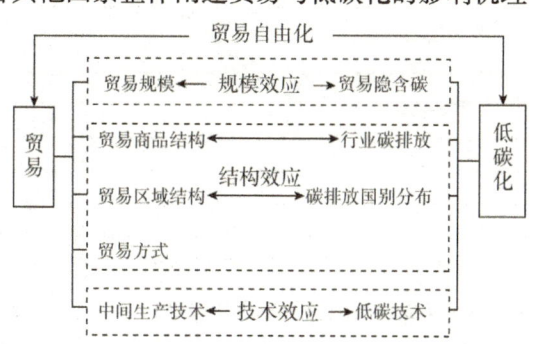

图2-7 基于环境效应理论的贸易对低碳化的影响机理结构图

2.5.2 基于规模效应因素的影响机理分析

随着贸易活动的规模不断提高,拉动了产品的国际需求,于是大量的相关自然资源投入到生产环节。一方面,经济活动规模扩张将提高自然资源的使用水平和增加污染程度,在结构和资源使用效率一定时,出口环境的规模对贸易低碳化的影响倾向于负效应。另一方面,一国某产业生产规模的快速扩张,产出的增加超过了投入的增加,单位产品成本下降,收益递增。究其原因,一是由于专业化分工因素,分工的依据则是要素禀赋和产业国际竞争力因素,随着规模扩大,内部分工更细,劳动者熟练程度增加,节约了劳动转换的时间损失。二是由于贸易自由化会扩大贸易规模,人均收入水平的提高和国家经济水平的提高,使得人们对洁净环境的偏好增加,对"洁净环境"这种特殊产品的需求也增加了,人们愿意支付更多的货币购买以对环境负责的方式生产出来的产品。三是从微观层面看随着工厂或企业的规模扩张,单位产品的管理费用、购销费用和广告费用逐渐递减,同时由于低碳技术的发展生产成本也是下降的。因此,国家会实施更加严格的环境标准和法规以及税收制度,使生产单位产品对环境的污染程度下降,在这种情况下,规模效应对环境的影响是有利的。从本文的实证研究来看,我国纺织业规模扩大,出口量增加,而污染的排放也相应地增加了(见图2-8)。

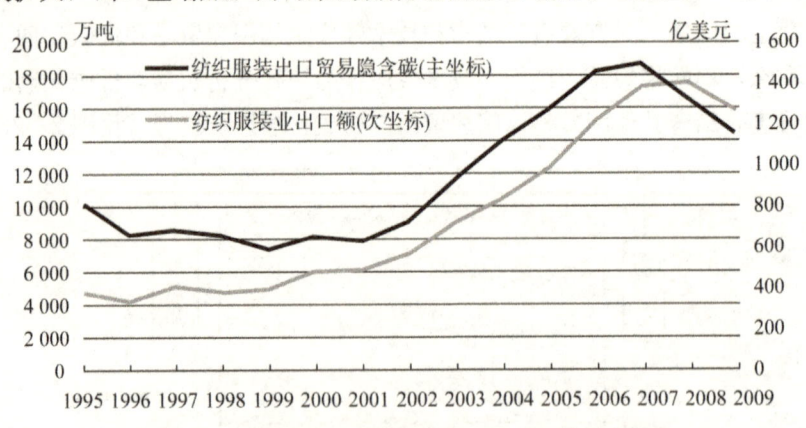

图2-8 纺织服装业贸易隐含碳和出口额的变化关系

2.5.3 基于结构效应因素的影响机理分析

结构效应通过国际贸易在要素禀赋、经济发展水平和市场结构上来反映。也就是说，贸易活动通过要素禀赋、经济发展水平和产业结构来反映结构效应对贸易低碳化的影响。

(1) 要素禀赋因素的影响

通过改变一国的要素禀赋进而改变产品的生产组合是贸易活动对贸易低碳化产生影响的一个重要途径。在未出现市场失灵、政策失灵和环境成本被内部化在产品成本中时，国际贸易可以优化资源配置、提高资源使用效率，达到经济效益最大化的目的。国际贸易会在世界范围内带来专业化的分工，促使不同国家发展其具有比较优势的行业。例如，发达国家在技术资金方面有一定优势，在污染品的生产上具有比较优势，适合生产污染严重的产品，也能够有效地减少产品生产对环境所造成的破坏。反之，如果环境资源的价值没有被评估且内部化于产品价格之中，国际贸易会导致低效率的资源配比。在这种低效率的资源配比情况下，发展中国家只能通过大量增加能源、资源的投入来扩大生产，获取利润。显然此种工作法不是在合理利用自然资源和可持续的生产方式的基础上来降低成本获得利润。与此同时，消费者会被价格便宜且对环境有不好影响的产品吸引，带动生产上述产品的污染密集工业的发展。因此，资本劳动比是反映要素禀赋的一个重要指标，资本劳动比与贸易低碳化是负相关的，即说明产业生产结构的调整是逆向于贸易低碳化的方向发展的。

(2) 经济发展水平因素的影响

发达国家经济发展水平的经验表明，在经济发展过程中，环境污染程度曲线呈现"倒U形"，即贸易低碳化水平呈"U形"。在经济从较低向较高水平发展的阶段，人们对经济增长的需求迫切程度极高，为了加速经济的持续增长，那些高耗能、高污染产业的发展能够创造高额的利润并带动经济高速增长，因此污染物排放总量持续增长，也就是说，经济发展水平和环境污染程度明显增加。然而，经济发展水平高的阶段，人们对环境的关注较多，而对经济增长的需求迫切程度降低，这个时候要求在保持数量增长的同时严格控制污染的处理，避免由于高产量带来的高污染，因此环境污染程度逐渐减弱。发展中国家处于经济发展的较低阶段，其经济发展与贸易低碳化负相关；而发达国家处于经济发展的较低阶段，其经济发展与贸易低碳化正相关。

(3) 产业结构因素的影响

生产某一商品，采用高耗能、高污染的方法成本较低，通常定价较低。如果对排污进行处理或是研发低排放量的生产方法，会产生一定的额外成本，通常定价较高。一国的消费人群构成其市场结构，如果一国市场中充斥着低消费人群，其将进口定价较低但高污染的商品,因此抑制贸易低碳化。反之,一国市场充斥着高消费人群,其进口的商品为低污染的高价商品,因而促进贸易低碳化的发展。市场结构与经济发展水平也有一定的关系。通常经济发展水平高,高消费市场人群占主流,经济发展水平低则低消费市场人群主导市场。

2.5.4 基于技术效应因素的影响机理分析

Grossman 和 Krueger（1991）认为技术效应可从两个途径降低排放：一是贸易开放可减少环境友好产品的可得性,并降低其生产成本,二是贸易开放引起的收入水平提高可增加公众对"清洁"产品的需求。

从正面来说,国际贸易会促进对环境有利的产品、服务和技术在全球的推广。同时对环境有利的产品、服务和技术贸易额的增加也让人们有更多的生产和消费选择,提高了生产国和消费国的环境保护水平。但从负面来说,国际贸易同样加快了不利于环境保护的产品流通。例如,促进濒危动植物物种、有害废弃物的国际贸易对环境的破坏作用很强。虽然对人体和环境有害的化学品和有毒废物的贸易已经处于被控制之下,但还有其他国际贸易产品也会间接地破坏环境。如不可降解或不可回收材料包装的商品。此外,国际贸易也可能促进有害环境技术的在国际上转移,从而加剧环境污染。

第二部分

中国纺织品服装贸易与环境行为描述性统计分析

3 中国纺织服装贸易发展分析

20世纪80年代以来，在全球纺织服装产业重心不断向亚洲转移的大背景下，中国纺织服装产业迅速发展，成为重要的出口部门。据世界贸易组织统计数据库统计，1980年，中国纺织品服装出口额仅为41.65亿美元，占世界纺织品服装出口额的4.4%，其中，纺织品出口25.4亿美元，服装出口16.25亿美元。从1988年开始，中国服装出口额开始超过纺织品出口额。到1990年，中国纺织品服装出口达168.89亿美元，是1980年的4倍。1994年起，中国成为世界第一大纺织品服装出口国[1]，占世界纺织品服装出口比重达13%。加入世界贸易组织后，尤其是2005年全球纺织品服装配额取消后，中国纺织品服装在全球市场的份额迅速扩大，从2001年的15.6%扩大到2005年的23.9%，到2013年已超过37%（见表3-1）。

表3-1 中国纺织品服装出口占世界纺织品服装出口的比重（单位：%）

年份	1980	1990	1991	1992	1993	1994	1995	1996	1997	1998	1999	2000	2001
占比	4.36	7.95	8.96	10.14	11.20	13.05	12.22	11.65	13.69	12.77	13.03	14.80	15.63
年份	2002	2003	2004	2005	2006	2007	2008	2009	2010	2011	2012	2013	2014
占比	17.28	19.44	20.95	23.91	27.22	29.22	30.26	31.62	34.05	34.79	36.28	37.18	37.41

数据来源：世界贸易组织数据库。

3.1 中国纺织品服装进出口情况

1995—2014年的20年间，中国纺织品服装进出口总额从503亿美元增长到3 220亿美元，增长了5.4倍，年均增幅达到10.26%。纺织品服装也是中国最重要的顺差商品之一，出口规模远远大于进口规模。1995年，纺织品服装进口

---

[1] 郭燕. 后配额时代的中国纺织服装业[M]. 中国纺织出版社, 2007.

规模相当于出口规模的30%,到2005年已不足15%,此后进一步下降,到2014年已不足9%。如表3-2所示,1995年中国出口纺织品服装386亿美元,2005年出口突破1 000亿美元,2010年突破2 000亿美元,2014年已接近3 000亿美元,20年间增长了6.7倍。与出口相比,中国纺织品服装进口额从1995年的117亿美元增长到2014年的254亿美元,增长有限。因此,中国纺织品服装贸易顺差持续扩大,2014年的顺差额达到2 712亿美元,是1995年贸易顺差额的10倍。

表3-2　1995—2014年中国纺织品服装进出口情况（单位:亿美元）

年份	纺织品服装出口额	纺织品服装进口额	纺织品服装进出口总额	纺织品服装贸易差额	年份	纺织品服装出口额	纺织品服装进口额	纺织品服装进出口总额	纺织品服装贸易差额
1995	386.04	117.05	503.09	268.99	2005	1 161.36	160.70	1 322.06	1 000.66
1996	377.57	125.47	503.04	252.11	2006	1 447.82	170.06	1 617.88	1 277.76
1997	461.32	128.63	589.95	332.69	2007	1 720.38	176.89	1 897.26	1 543.49
1998	431.14	115.52	546.66	315.63	2008	1 850.43	176.30	2 026.73	1 674.14
1999	437.67	118.77	556.43	318.90	2009	1 670.46	158.60	1 829.06	1 511.86
2000	531.04	136.50	667.54	394.55	2010	2 063.75	190.15	2 253.90	1 873.61
2001	542.08	134.55	676.63	407.53	2011	2 474.09	217.31	2 691.40	2 256.78
2002	625.99	137.96	763.95	488.03	2012	2 542.72	231.94	2 774.66	2 310.78
2003	798.00	147.81	945.81	650.19	2013	2 829.19	258.97	3 088.16	2 570.23
2004	963.69	158.33	1 122.02	805.35	2014	2 966.04	254.47	3 220.51	2 711.56

数据来源:OECD数据库。

图3-1显示,中国纺织品服装贸易在大多数年份均呈现增长态势,2002—2007年是中国纺织品服装贸易呈现爆发式增长的阶段,出口增幅均在15%以上,其中2003—2006年的增幅均超过20%,而同期进口额也稳步增长。两次金融危机对中国纺织品服装贸易产生较大冲击,进、出口额均产生较大幅度下滑。2010年以来,中国纺织品服装贸易恢复增长,但在国内生产成本上涨、人民币升值、订单转移等不利条件的影响下,出口增幅呈缩小趋势,而进口增幅相对之前有所扩大。2014年是纺织品服装进口5年来的首次下降,主要是由纺织品进口下降所致。

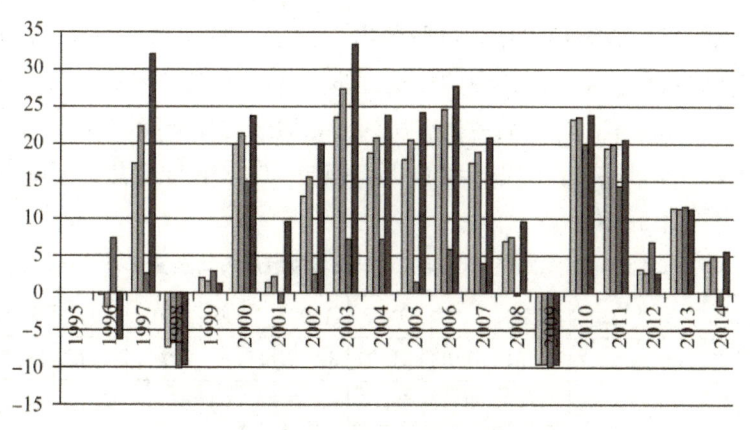

图3-1 中国纺织品服装贸易增长情况（单位:%）

纺织品服装在中国对外贸易中占有重要地位，出口额一度占中国外贸出口总额超过四分之一。近年来，这一比重虽然逐步下降，但依然维持在10%以上，纺织品服装依然是中国重要的出口大类商品（见表3-3）。

表3-3 1995—2014年中国纺织品服装出口占中国外贸出口的比重（%）

年份	1995	1996	1997	1998	1999	2000	2001	2002	2003	2004
占比	25.95	25.00	25.24	23.46	22.45	21.31	20.37	19.23	18.21	16.24
年份	2005	2006	2007	2008	2009	2010	2011	2012	2013	2014
占比	15.24	14.94	14.10	12.93	13.90	13.08	13.03	12.41	12.81	12.66

数据来源：OECD数据库。

1995—2014年，从进出口总额来看，纺织品进出口在中国纺织品服装进出口总额中的比重有所下降，从1995年的51%下降到2014年的41.5%（见表3-4），体现了纺织品与服装两大类商品相对比重的变化。

表3-4 纺织品服装进出口中纺织品与服装所占比重变化（%）

年份	1995	1996	1997	1998	1999	2000	2001	2002	2003	2004
纺织品进出口占比	50.89	48.80	44.91	43.95	44.77	44.94	44.81	45.02	44.31	44.43
服装进出口占比	49.11	51.20	55.09	56.05	55.23	55.06	55.19	54.98	55.69	55.57
年份	2005	2006	2007	2008	2009	2010	2011	2012	2013	2014
纺织品进出口占比	43.74	41.04	39.10	40.69	41.65	42.55	42.69	42.26	42.16	41.48
服装进出口占比	56.26	58.96	60.90	59.31	58.35	57.45	57.31	57.74	57.84	58.52

数据来源：OECD数据库。

在中国纺织品服装出口中，以服装出口为主，占60%~70%。1995—1998年，服装在纺织品服装总出口中的比重逐步上升，从61.5%提高到68.6%；但自1998年至2005年，纺织品占比有所回升，服装占比下降到62.7%，2006年和2007年两年，服装占比回升到66%，但自2008年起又有所下降并稳定在60%左右（见表3-5）。

表3-5 纺织品服装出口中纺织品与服装所占比重变化（%）

年份	1995	1996	1997	1998	1999	2000	2001	2002	2003	2004
纺织品出口占比	38.47	34.51	31.93	31.37	32.25	32.97	33.41	35.03	35.73	36.84
服装出口占比	61.53	65.49	68.07	68.63	67.75	67.03	66.59	64.97	64.27	63.16
年份	2005	2006	2007	2008	2009	2010	2011	2012	2013	2014
纺织品出口占比	37.30	35.26	33.95	36.23	37.17	38.43	39.22	38.71	38.69	38.47
服装出口占比	62.70	64.74	66.05	63.77	62.83	61.57	60.78	61.29	61.31	61.53

数据来源：OECD数据库。

在中国纺织品服装进口中，以纺织品进口为主。2006年以前，纺织品进口占纺织品服装进口总额比重一直在90%以上，从2007年开始，尤其是自2011年，服装进口在总进口中比重逐步增加，到2014年占比超过了20%（见表3-6）。

表3-6 纺织品服装进口中纺织品与服装所占比重变化（%）

年份	1995	1996	1997	1998	1999	2000	2001	2002	2003	2004
纺织品进口占比	91.88	91.81	91.47	90.89	90.91	91.50	90.75	90.38	90.64	90.62
服装进口占比	8.12	8.19	8.53	9.11	9.09	8.50	9.25	9.62	9.36	9.38
年份	2005	2006	2007	2008	2009	2010	2011	2012	2013	2014
纺织品进口占比	90.27	90.28	89.23	87.51	88.84	87.31	82.14	81.17	80.03	76.62
服装进口占比	9.73	9.72	10.77	12.49	11.16	12.69	17.86	18.83	19.97	23.38

数据来源：OECD数据库。

从贸易伙伴来看，美国、日本和中国香港是中国纺织品服装最大的三个出口市场。1995年，这三大市场占中国纺织品服装出口总额的比重达65.8%，随着出口市场的逐步多元化，三大市场在中国纺织品服装出口总额的比重逐步下降，2009年占比37.3%，2014年进一步下降为29.1%。目前美国是中国纺织品服装第一大出口市场，所占份额亦相对稳定，在15%左右，而中国香港和日本在中国出口市场中的地位持续下降，虽仍占据第二和第三的位置，但占比分别下降到8.4%和5.5%。越南近年来成为增速最快的中国纺织品服装出口市场，2014年已接近中国香港，占比达到5.2%。除此之外，俄罗斯、英国和德国也一直是中国较为重要的纺织品服装出口市场。

表3-7 中国前十大纺织品服装出口市场（单位：亿美元,%）

位次	1995年 国家/地区	出口额	占比	2009年 国家/地区	出口额	占比	2014年 国家/地区	出口额	占比
1	中国香港	121.32	31.43	美国	266.62	15.96	美国	449.11	15.14
2	日本	93.29	24.17	日本	216.90	12.98	日本	249.56	8.41
3	美国	39.34	10.19	中国香港	139.38	8.34	中国香港	164.47	5.54
4	韩国	16.33	4.23	德国	76.76	4.60	越南	155.17	5.23
5	德国	12.67	3.28	英国	56.90	3.41	俄罗斯	131.43	4.43
6	俄罗斯	6.61	1.71	意大利	47.25	2.83	英国	115.71	3.90
7	澳大利亚	6.29	1.63	韩国	41.01	2.46	德国	114.88	3.87
8	意大利	6.23	1.61	法国	40.92	2.45	阿联酋	80.80	2.72
9	新加坡	4.98	1.29	阿联酋	40.79	2.44	韩国	80.59	2.72
10	英国	4.91	1.27	俄罗斯	40.44	2.42	荷兰	61.51	2.07
	世界	386.04	100	世界	1 670.46	100	世界	2 966.04	100

数据来源：OECD数据库。

进口方面，中国台湾、日本和韩国是中国最重要的纺织品服装进口来源地。在进口市场也日益多元化的趋势下，中国自中国台湾、日本、韩国、越南、印度、巴基斯坦和意大利的进口在总进口中的占比均超过7%，而中国台湾、日本和韩国三大进口来源地在我国纺织品服装进口总额中的比重呈显著下降趋势。表3-8显示，2009年我国自三地进口纺织品服装合计占总进口比重达53.9%，而到2014年则下降至32.4%。中国香港也曾是重要的进口来源地之一，但近年来地位显著下降，2014年自香港进口的纺织品服装占纺织品服装总进口的比重降至3.4%，位次降至第十五位。与中国香港地位下降相反的是，越南和印度正成为我国重要的纺织品服装进口来源地，自两国的进口占比从2009年的2.44%和2.23%分别上升至2014年的8.79%和9.12%。

表3-8 中国前十大纺织品服装进口市场（单位：亿美元,%）

位次	1995年 国家/地区	进口额	占比	2009年 国家/地区	进口额	占比	2014年 国家/地区	进口额	占比
1	日本	26.38	22.54	日本	27.64	21.68	中国台湾	25.44	11.57

47

续表

位次	1995年 国家/地区	进口额	占比	2009年 国家/地区	进口额	占比	2014年 国家/地区	进口额	占比
2	中国台湾	26.38	22.54	中国台湾	21.54	16.90	日本	24.89	11.32
3	中国香港	20.20	17.26	韩国	19.50	15.30	韩国	21.00	9.55
4	韩国	19.42	16.59	巴基斯坦	9.24	7.25	越南	20.05	9.12
5	澳大利亚	2.50	2.14	中国香港	8.99	7.05	印度	19.31	8.79
6	巴基斯坦	1.68	1.43	意大利	7.42	5.82	巴基斯坦	17.78	8.09
7	美国	1.48	1.26	美国	4.18	3.28	意大利	17.11	7.78
8	意大利	1.39	1.19	印度	3.11	2.44	美国	6.64	3.02
9	中国澳门	0.96	0.82	越南	2.84	2.23	印度尼西亚	6.62	3.01
10	新西兰	0.81	0.69	泰国	2.66	2.09	法国	5.42	2.46
	世界	117.05	100	世界*	127.45	100	世界*	219.82	100

数据来源：OECD数据库。

"*"：中国纺织品服装进口总额中包含自中国的进口（国货复进口），为更准确反映中国纺织品服装海外进口市场格局，此数据扣减了自中国的进口，各进口国/地区的占比也依此计算。

3.2 中国纺织品进出口情况

1995—2014年，中国纺织品进出口总额从256亿美元扩大到1 336亿美元，增长了4.2倍，年均增长9%。其中，纺织品出口额从1995年的148.5亿美元扩大到2014年的1141亿美元，增加了6.7倍，年均增幅达11.3%；进口额从107.6亿美元扩大到195亿美元，年均增幅3.2%（见表3-9）。纺织品贸易顺差持续扩大，到2014年顺差额达到946亿美元，占整个纺织品服装贸易顺差额的34.9%。

表 3-9 1995—2014 年中国纺织品进出口情况（单位：亿美元）

年份	纺织品出口额	纺织品进口额	纺织品进出口总额	纺织品贸易差额	年份	纺织品出口额	纺织品进口额	纺织品进出口总额	纺织品贸易差额
1995	148.49	107.55	256.04	40.95	2005	433.16	145.06	578.22	288.09
1996	130.29	115.20	245.49	15.09	2006	510.43	153.54	663.97	356.90
1997	147.29	117.66	264.95	29.62	2007	584.06	157.84	741.90	426.22
1998	135.25	104.99	240.24	30.26	2008	670.41	154.27	824.69	516.14
1999	141.15	107.97	249.12	33.18	2009	620.89	140.91	761.80	479.99
2000	175.10	124.89	299.99	50.21	2010	793.09	166.01	959.11	627.08
2001	181.11	122.10	303.21	59.01	2011	970.38	178.49	1 148.87	791.89
2002	219.25	124.69	343.95	94.56	2012	984.41	188.25	1 172.66	796.15
2003	285.11	133.98	419.09	151.13	2013	1 094.70	207.25	1 301.95	887.45
2004	355.06	143.49	498.55	211.57	2014	1 141.03	194.99	1 336.02	946.04

数据来源：OECD 数据库。

由图 3-2 可以看出，1995—1998 年中国纺织品出口出现较大波动，在 1996 年和 1998 年出现了负增长，而 1999 年以后维持了增长趋势，且 2002—2008 年进入了增长率达 15%～30% 的高速增长阶段，在 2009 年由于金融危机出现负增长以后，纺织品出口继续保持增长，但 2012 年以来增幅下滑，呈现增长乏力态势。除个别年份外，中国纺织品进口呈低速增长态势，且在 1998 年、2009 年及 2014 年出现了较大幅度的负增长。整体来看，在 1995—2014 年的大多数年份里，中国纺织品出口增速均大于进口增速。

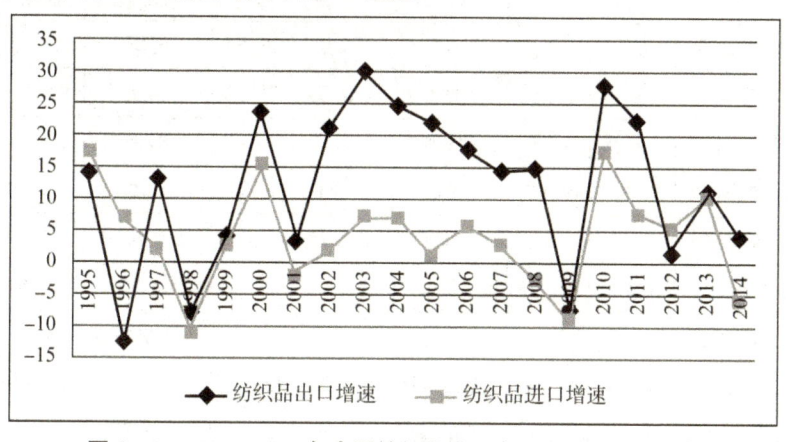

图 3-2 1995—2014 年中国纺织品进、出口增速（单位：%）

1995—2014年，中国纺织品出口目的地发生了显著变化。1995年，中国香港是中国纺织品第一大出口目的地，且占比高达39.4%，其次为日本，占比为13.1%，韩国和美国分列第三和第四位，占比分别为7.3%和6.6%，四国合计占中国纺织品出口比重已高达66.4%，可见当时中国纺织品出口市场高度集中。到2009年，美国已超过中国香港成为中国纺织品第一大出口目的地，占比为12.2%，中国香港仍是重要的出口市场，以11%的占比紧随其后，其次为日本，占出口总额的7.2%，位列第四到第十位的国家分别是越南、印度、韩国、孟加拉国、阿联酋、意大利和德国，占比均在2.5%~3.5%之间。相较于1995年，到2009年中国纺织品出口市场过于集中的现象大为改观，前五位出口市场合计占纺织品出口总额的37%。2014年，中国纺织品出口市场格局进一步变化，除美国仍为第一大出口市场外，越南超越日本和中国香港成为第二大出口目的地，占比达到8%，此外，孟加拉国和印度尼西亚的份额继续扩大，而俄罗斯、巴西、巴基斯坦的份额也有所上升，市场份额均超过2%。2014年中国纺织品出口市场集中度进一步下降，前五大出口市场占出口总额的比重为34.6%（见表3-10）。纵观1995—2014年的20年，中国纺织品出口市场格局的另一大变化体现在：发达国家市场地位下降，发展中国家市场地位上升。日本、德国、意大利、英国、澳大利亚、加拿大等发达国家在出口中的占比持续下降，而发展中国家，如越南、印度、孟加拉国、印度尼西亚、俄罗斯、巴西、巴基斯坦等国的地位相对上升，其中以越南最为突出。

表3-10 中国主要纺织品出口目的国/地区变化（单位：亿美元，%）

排位	1995年 目的地	金额	占比	2009年 目的地	金额	占比	2014年 目的地	金额	占比
1	中国香港	58.46	39.37	美国	75.98	12.24	美国	128.31	11.25
2	日本	19.49	13.12	中国香港	68.50	11.03	越南	91.54	8.02
3	韩国	10.84	7.30	日本	44.70	7.20	中国香港	75.77	6.64
4	美国	9.80	6.60	越南	21.89	3.53	日本	55.64	4.88
5	新加坡	3.53	2.38	印度	18.75	3.02	孟加拉国	43.34	3.80
	前5位合计	102.12	68.77	前5位合计	229.82	37.01	前5位合计	394.61	34.58
6	德国	3.44	2.32	韩国	18.43	2.97	印度尼西亚	33.10	2.90
7	意大利	3.18	2.14	孟加拉国	18.10	2.91	印度	32.91	2.88
8	孟加拉国	2.29	1.54	阿联酋	17.54	2.83	俄罗斯	32.08	2.81

续表

排位	1995年 目的地	金额	占比	2009年 目的地	金额	占比	2014年 目的地	金额	占比
9	土耳其	2.18	1.47	意大利	16.20	2.61	阿联酋	30.13	2.64
10	英国	2.07	1.39	德国	15.68	2.53	韩国	29.66	2.60
	前10位合计	115.28	77.63	前10位合计	315.77	50.86	前10位合计	552.49	48.42
11	阿联酋	1.78	1.20	印度尼西亚	12.87	2.07	德国	27.58	2.42
12	澳大利亚	1.75	1.18	英国	12.15	1.96	巴西	24.05	2.11
13	加拿大	1.56	1.05	贝宁	11.51	1.85	巴基斯坦	23.26	2.04
14	泰国	1.53	1.03	吉尔吉斯斯坦	11.21	1.80	意大利	22.44	1.97
15	比利时	1.20	0.81	俄罗斯	10.17	1.64	英国	19.99	1.75
	前15位合计	128.10	82.90	前15位合计	373.68	60.18	前15位合计	669.80	58.70

数据来源：OECD数据库。

从进口来源地看，1995年，中国纺织品进口来源高度集中在中国台湾、日本、韩国和我国香港，四地合计占纺织品进口总额的比重高达77.9%；到2009年，中国香港在进口份额中的比重大幅下降至6.5%，而巴基斯坦的份额大幅上升至8.2%，两地成为我国进口市场的第二大阵营，而日本、中国台湾和韩国仍处于第一阵营，三地合计占纺织品进口总额的比重达58.8%；至2014年，我国主要纺织品进口来源地呈分散发展趋势，中国台湾、日本和韩国三地合计占比下降至40.6%，三地所占份额均呈下降趋势，尤其是日本的份额由2009年的23.6%显著下降至14.2%，而印度、巴基斯坦和越南的份额则呈上升趋势，尤其是印度和越南，占比分别从2009年的2.5%和2.4%上升至2014年的10.7%和10.3%。整体来看，1995—2014年，中国纺织品进口来源地一直相对集中，但印度、越南和巴基斯坦近年成为增速最快的进口市场，而中国台湾、日本和韩国三大传统市场则增长乏力，甚至出现负增长。

表3-11 中国主要纺织品进口来源国/地区变化（亿美元，%）

排位	1995年 来源地	金额	占比	2009年* 来源地	金额	占比	2014年* 来源地	金额	占比
1	中国台湾	25.85	24.04	日本	26.51	23.55	中国台湾	25.07	14.91

续表

排位	1995年 来源地	金额	占比	2009年* 来源地	金额	占比	2014年* 来源地	金额	占比
2	日本	22.17	20.61	中国台湾	21.24	18.87	日本	23.83	14.18
3	韩国	18.36	17.07	韩国	18.42	16.36	韩国	19.40	11.54
4	中国香港	17.39	16.17	巴基斯坦	9.20	8.17	印度	18.01	10.71
5	澳大利亚	2.45	2.28	中国香港	7.27	6.46	巴基斯坦	17.34	10.31
	前5位合计	86.22	80.17	前5位合计	82.65	73.41	前5位合计	103.64	61.65
6	巴基斯坦	1.68	1.56	意大利	4.11	3.65	越南	14.51	8.63
7	美国	1.38	1.28	美国	4.02	3.57	美国	6.27	3.73
8	意大利	1.33	1.24	印度	2.80	2.49	意大利	6.22	3.70
9	中国澳门	0.85	0.79	越南	2.43	2.15	印度尼西亚	4.67	2.78
10	新西兰	0.81	0.75	泰国	2.26	2.00	德国	4.10	2.44
	前10位合计	92.27	85.80	前10位合计	98.26	87.27	前10位合计	139.39	82.92
11	泰国	0.72	0.67	德国	2.00	1.77	法国	3.99	2.38
12	乌拉圭	0.64	0.60	印度尼西亚	1.77	1.57	泰国	3.23	1.92
13	印度尼西亚	0.60	0.56	法国	1.70	1.51	中国香港	2.32	1.38
14	英国	0.42	0.39	土耳其	0.81	0.72	土耳其	2.04	1.21
15	德国	0.39	0.37	马来西亚	0.71	0.63	新西兰	1.62	0.96
	前15位合计	95.05	88.38	前15位合计	105.24	93.48	前15位合计	152.60	90.78

数据来源：OECD数据库。

"*"：中国纺织品进口额中包含自中国的进口（国货复进口），在计算各地区占比时，进口总额采用了扣减了自中国的进口后的数据。

图3-3和图3-4可以更直观地反映中国纺织品出口市场和进口市场格局的变化。相对于出口市场来说，中国纺织品进口市场集中度更高。从市场地位看，越南和日本既是我国重要的纺织品出口市场，也是我国重要的纺织品进口来源地；美国、中国香港和孟加拉国在我国纺织品出口中占有重要地位，而中国台湾、韩国、印度和巴基斯坦则在我国纺织品进口中占有重要地位。

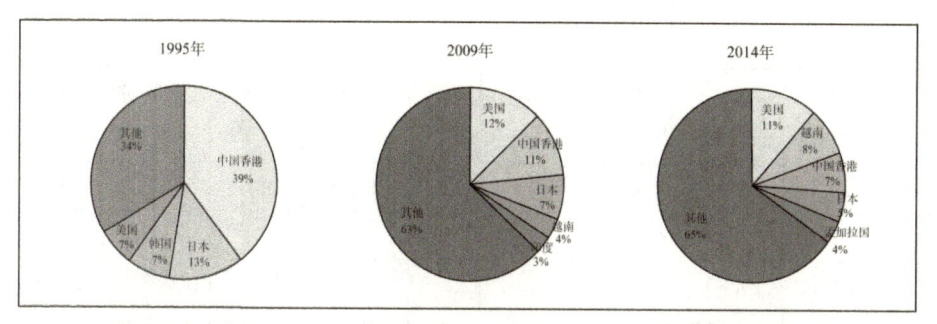

图 3-3　1995 年、2009 年和 2014 年中国纺织品主要出口目的地变化

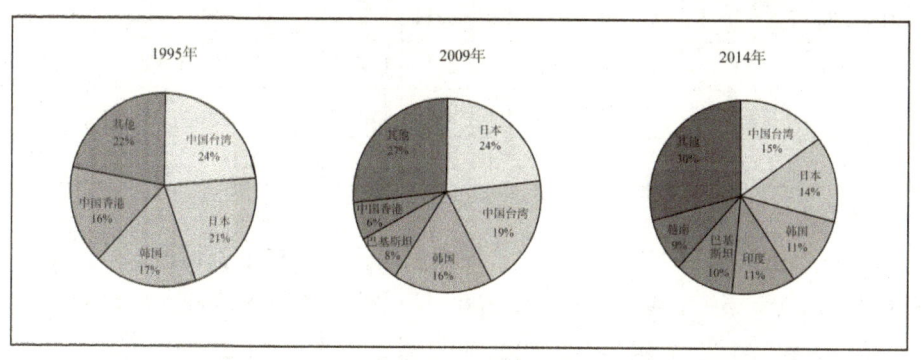

图 3-4　1995 年、2009 年和 2014 年中国纺织品主要进口来源地变化

3.3　中国服装进出口情况

从进出口整体来看，1995—2014 年的 20 年间，中国服装进出口总额从 247 亿美元扩大到 1 884.5 亿美元，增长了 6.6 倍，年均增幅达到 11.3%。其中，中国服装进口规模十分有限，到 2014 年尚不足 60 亿美元，仅占服装整体进出口的 3%（见表 3-12），而中国服装出口规模扩张迅速，到 2014 年已达 1 825 亿美元。因此，中国服装贸易差额巨大，2014 年实现贸易顺差 1 765.5 亿美元，占整个纺织品服装贸易顺差的 65.1%。

表 3-12　1995—2014 年中国服装进出口情况（单位：亿美元）

年份	服装出口额	服装进口额	服装进出口总额	服装贸易差额	年份	服装出口额	服装进口额	服装进出口总额	服装贸易差额
1995	237.55	9.50	247.05	228.05	2005	728.20	15.63	743.84	712.57
1996	247.28	10.27	257.55	237.01	2006	937.39	16.53	953.91	920.86

续表

年份	服装出口额	服装进口额	服装进出口总额	服装贸易差额	年份	服装出口额	服装进口额	服装进出口总额	服装贸易差额
1997	314.03	10.97	325.00	303.07	2007	1 136.31	19.05	1 155.36	1 117.26
1998	295.89	10.53	306.42	285.37	2008	1 180.02	22.02	1 202.05	1 158.00
1999	296.52	10.80	307.31	285.72	2009	1 049.57	17.69	1 067.26	1 031.87
2000	355.95	11.61	367.55	344.34	2010	1 270.66	24.13	1 294.79	1 246.53
2001	360.97	12.45	373.42	348.53	2011	1 503.71	38.82	1 542.52	1 464.89
2002	406.73	13.27	420.00	393.47	2012	1 558.31	43.69	1 602.00	1 514.63
2003	512.89	13.83	526.72	499.06	2013	1 734.49	51.72	1 786.21	1 682.78
2004	608.63	14.84	623.47	593.78	2014	1 825.01	59.48	1 884.49	1 765.52

数据来源：OECD 数据库。

图 3-5 反映了 1995 年至 2014 年中国服装进、出口增长情况。从图中可以发现以下几点：第一，除 1998 年和 2009 年以外，中国服装进、出口均呈正增长；第二，2002—2007 年，中国服装出口增速大于进口增速，而 2008—2014 年，中国服装进口增速超过了出口增速；第三，2002—2007 年是中国服装出口大幅、稳定增长的阶段，尤其是 2003—2007 年，各年增速在 20%～30%，而 2012 年以来，中国服装出口增长有所减缓；第四，1996—2006 年是中国服装进口低速、平稳增长阶段，大部分年份维持 5% 左右的增长，而 2007 年以后进入快速增长阶段，部分年份增速在 10%～20%，同时出现了 30% 以上的超高增长。

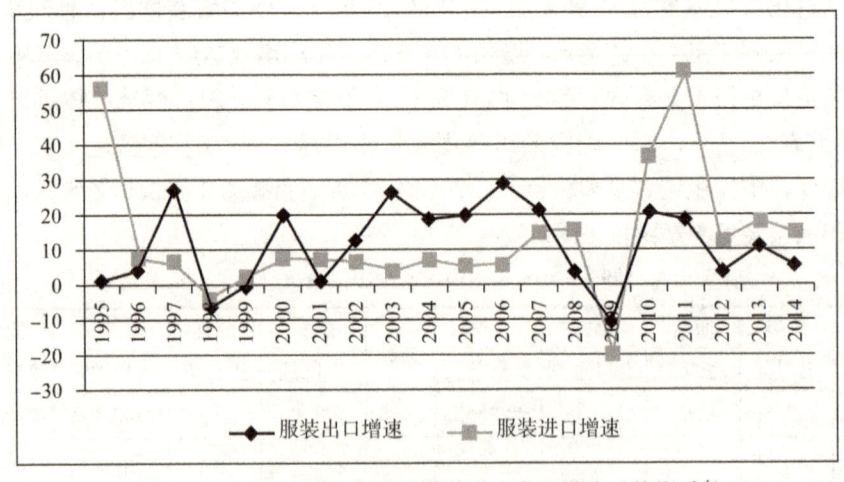

图 3-5　1995—2014 年中国服装进、出口增速（单位：%）

第二部分 中国纺织品服装贸易与环境行为描述性统计分析

从表3-13可以看出，与中国纺织品出口市场变化相一致的是，中国服装出口市场的集中度在20年间也呈逐步下降趋势。1995年，中国前5大出口市场占中国服装出口的比重高达76.3%，其中70%来自前三大出口市场，到2009年前5大市场的比重下降到51.41%，并在2014年进一步下降到43.75%。与纺织品出口市场格局呈现较大变化不一致的是，中国主要服装出口市场在20年间变化不大，虽然位次略有变化，但美国、日本、中国香港、俄罗斯、英国、德国一直是中国最重要的出口市场，其中，日本和美国一直是最重要的两大市场。美国近年在中国出口市场份额中的比重维持在18%左右，但日本的份额处于不断下降中，从1995年的31%下降到2009年的16.4%，到2014年进一步下降到10.6%。在中国服装出口市场中另一个较大的变化是越南占比的上升，1995年，越南仅占中国出口市场份额的0.05%，到2009年也仅为0.8%，但到2014年占比已达3.49%，成为中国第七大服装出口市场。

表3-13 中国主要服装出口目的国/地区变化（单位：亿美元，%）

排位	1995年 目的地	金额	占比	2009年 目的地	金额	占比	2014年 目的地	金额	占比
1	日本	73.81	31.07	美国	190.64	18.16	美国	320.80	17.58
2	中国香港	62.86	26.46	日本	172.20	16.41	日本	193.92	10.63
3	美国	29.54	12.43	中国香港	70.87	6.75	俄罗斯	99.36	5.44
4	德国	9.23	3.88	德国	61.09	5.82	英国	95.72	5.24
5	俄罗斯	5.83	2.45	英国	44.75	4.26	中国香港	88.69	4.86
	前5位合计	181.25	76.30	前5位合计	539.56	51.41	前5位合计	798.49	43.75
6	韩国	5.49	2.31	法国	33.93	3.23	德国	87.31	4.78
7	澳大利亚	4.54	1.91	意大利	31.05	2.96	越南	63.63	3.49
8	意大利	3.06	1.29	俄罗斯	30.28	2.88	法国	51.76	2.84
9	英国	2.84	1.19	西班牙	29.29	2.79	韩国	50.92	2.79
10	加拿大	2.79	1.17	加拿大	24.59	2.34	阿联酋	50.67	2.78
	前10位合计	199.98	84.18	前10位合计	688.70	65.62	前10位合计	1 102.78	60.43
11	巴拿马	2.25	0.95	荷兰	24.01	2.29	荷兰	50.32	2.76

55

续表

排位	1995年 目的地	金额	占比	2009年 目的地	金额	占比	2014年 目的地	金额	占比
12	波兰	2.24	0.94	阿联酋	23.25	2.22	澳大利亚	40.90	2.24
13	中国台湾	2.20	0.93	韩国	22.58	2.15	西班牙	39.99	2.19
14	法国	2.19	0.92	澳大利亚	22.47	2.14	意大利	34.87	1.91
15	荷兰	2.09	0.88	哈萨克斯坦	22.26	2.12	加拿大	30.00	1.64
前15位合计		210.94	88.80	前15位合计	803.27	76.53	前15位合计	1 298.86	71.17

数据来源：OECD数据库。

如表3-14所示，1995—2014年，中国服装进口市场格局发生了很大变化。第一，中国服装进口市场从高度集中到日趋分散。1995年中国自前五大进口来源地的合计进口占中国服装总进口的比重高达92%，尤其是自日本的进口就占总进口的近一半，自中国香港的进口占三分之一。而到2009年，前五大进口来源地的占比降至54%，到2014年进一步降至47%。第二，中国服装进口地区分布发生显著变化。1995年，日本、中国香港和韩国是中国服装前三大进口来源地，到2009年三地在中国服装进口总额中的占比分别下降至7.6%、11.6%和7.2%，并在2014年进一步下降至2.1%、2%和3.1%，在中国服装进口来源地中的排名分别降至第十二位、第十三位和第七位。与之相对照的是，意大利、越南、孟加拉国和土耳其等国成为我国重要的服装进口来源地，其中，意大利的占比达到20%。对比1995年与2014年的进口来源地可以发现，中国服装进口呈现了由从经济发达国家/地区进口转变为自发展中国家/地区进口的显著特征。越南、孟加拉国、印度尼西亚及柬埔寨等中国周边发展中国家在中国近年快速增长的服装进口中获得了更多市场机会，显现出竞争力。

表3-14 中国主要服装进口来源国/地区变化（单位：亿美元,%）

排位	1995年 来源地	金额	占比	2009年* 来源地	金额	占比	2014年* 来源地	金额	占比
1	日本	4.21	44.33	意大利	3.31	22.26	意大利	10.89	21.05
2	中国香港	2.81	29.61	中国香港	1.72	11.55	越南	5.54	10.71
3	韩国	1.06	11.14	日本	1.13	7.57	孟加拉国	3.36	6.49

续表

排位	1995年 来源地	金额	占比	2009年* 来源地	金额	占比	2014年* 来源地	金额	占比
4	中国台湾	0.52	5.53	韩国	1.07	7.21	土耳其	2.68	5.19
5	中国澳门	0.11	1.14	土耳其	0.78	5.28	印度尼西亚	1.95	3.77
	前5位合计	8.72	91.75	前5位合计	8.00	53.87	前5位合计	24.42	47.22
6	美国	0.10	1.02	罗马尼亚	0.49	3.29	罗马尼亚	1.69	3.27
7	意大利	0.06	0.58	法国	0.47	3.19	韩国	1.60	3.09
8	澳大利亚	0.05	0.53	越南	0.41	2.78	柬埔寨	1.42	2.75
9	德国	0.03	0.28	泰国	0.40	2.71	法国	1.42	2.75
10	印度	0.02	0.21	葡萄牙	0.32	2.15	印度	1.30	2.52
	前10位合计	8.97	94.37	前10位合计	10.10	67.98	前10位合计	31.86	61.60
11	孟加拉国	0.02	0.20	印度	0.31	2.10	葡萄牙	1.16	2.25
12	英国	0.01	0.14	西班牙	0.30	2.04	日本	1.06	2.06
13	新加坡	0.01	0.11	中国台湾	0.30	2.04	中国香港	1.03	2.00
14	加拿大	0.01	0.11	印度尼西亚	0.26	1.73	泰国	1.03	1.98
15	菲律宾	0.01	0.10	突尼斯	0.25	1.70	摩洛哥	0.93	1.80
	前15位合计	9.03	95.02	前15位合计	11.53	77.60	前15位合计	37.08	71.69

数据来源：OECD数据库。

"*"：中国纺织品进口额中包含自中国的进口（国货复进口），在计算各地区占比时，进口总额采用了扣减了自中国的进口后的数据。

通过图3-6和图3-7可以看出，1995年至2014年，中国服装出口市场和进口市场都经历了从高度集中向分散发展的变化过程。从1995年到2009年，日本和中国香港既是中国重要的服装出口市场，也是重要的服装进口来源地。而1999年到2014年，由于进口市场格局的变化，中国主要服装出口贸易伙伴和进口贸易伙伴发生明显分化，美国、日本、英国和德国等发达国家是中国重要的服装出口市场，而中国的服装进口则主要来自意大利、越南、孟加拉国和土耳其。

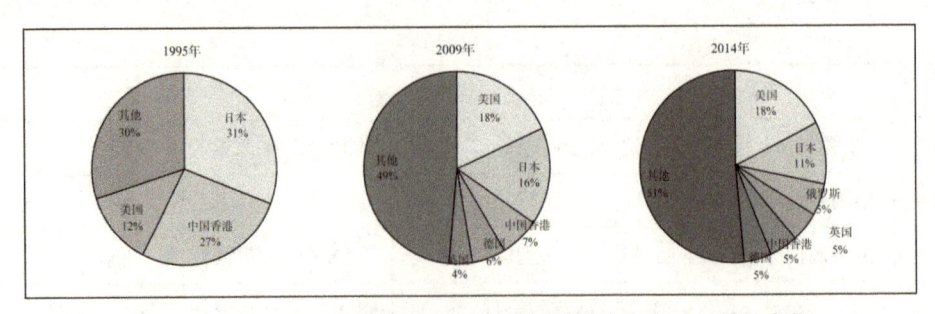

图 3-6　1995 年、2009 年和 2014 年中国服装主要出口目的地变化

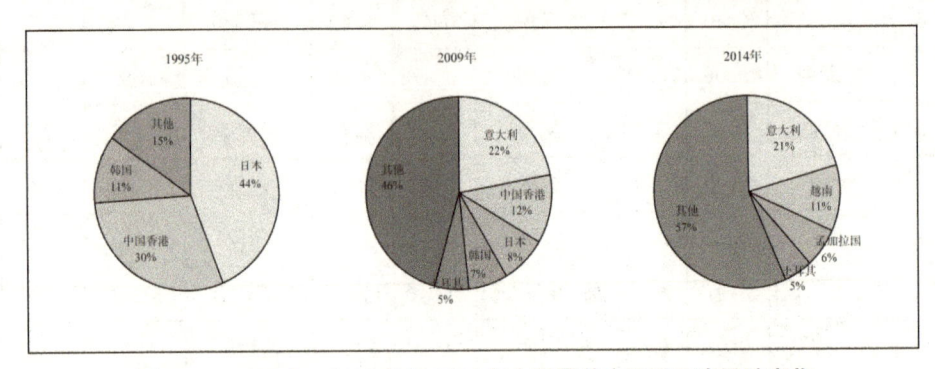

图 3-7　1995 年、2009 年和 2014 年中国服装主要进口来源地变化

4 中国纺织服装业环境行为描述统计分析

纺织行业作为化学工业的下游产业，在高速发展的同时，也面临着资源、环境约束问题，由于受投入不足和企业规模偏小等因素影响，我国纺织业的水耗、能耗居高不下，污染问题十分突出。资料显示，纺织行业能耗约占 39 个行业总能耗的 4.3%，略高于 39 个行业的平均值，也是能耗排放较大行业之一。从环保角度分析，纺织行业最大的问题是废水排放，废气、废物排放相对较小。根据规模以上企业统计，纺织行业废水排放量和化学需氧量约占 39 个行业的第四位，是废水排放大户。

4.1 中国纺织服装业能耗情况

从表 4-1 可以看出，中国纺织业的能源消费量从 2000 年的 3 020 万吨标准煤逐年增长，直至 2007 年超过 7 000 万吨后开始回落，2009 年的能源消费量一度下降至 2006 年的水平，但 2011 年后又回升至 7 000 万吨以上。2013 年，中国纺织业消耗 7 366 万吨标准煤，是 2000 年的 2.4 倍。中国服装业的能源消费量远低于纺织业，但也呈不断上升态势，2000 年中国服装业消费能源 357 万吨标准煤，到 2007 年超过 800 万吨，2013 年达到 978 万吨，是 2000 年的 2.7 倍。

表 4-1 2000—2013 年中国纺织服装业能源消费量（单位：万吨标准煤,%）

年份	纺织业 能源消费量	增幅	服装业 能源消费量	增幅	年份	纺织业 能源消费量	增幅	服装业 能源消费量	增幅
2000	3 020	—	357	—	2007	7 232	5.10	831	6.68
2001	3 224	6.75	389	8.96	2008	7 140	−1.27	845	1.68
2002	3 616	12.16	420	7.97	2009	6 884	−3.59	813	−3.79
2003	4 082	12.89	462	10.00	2010	6 988	1.51	848	4.31
2004	5 411	32.56	573	24.03	2011	7 379	5.60	867	2.24

续表

年份	纺织业 能源消费量	增幅	服装业 能源消费量	增幅	年份	纺织业 能源消费量	增幅	服装业 能源消费量	增幅
2005	6 145	13.56	669	16.75	2012	7 290	−1.21	978	12.80
2006	6 881	11.98	779	16.44	2013	7 366	1.04	971	−0.72

数据来源：中国能源统计年鉴 2014。

图 4-1 显示，中国纺织业和服装业的能源消费量增长趋势基本一致。2001—2007 年是能源消耗快速增长的时期，尤其是纺织业在 2002—2006 年和服装业在 2003—2006 年，能耗增幅均大于 10%；2008 年以后，除 2012 年服装业能源消耗呈现大幅增长以外，纺织业和服装业的能源消耗均呈低速增长或负增长。对照图 4-2 可以发现，在 2008 年以前，纺织业的能源消耗和出口额均呈现扩大趋势，但自 2008 年开始，在经历 2009 年出口下滑以后，纺织品出口继续高速增长，而纺织业能源消耗却趋于平稳，未随纺织品出口的扩大而增长。而图 4-3 显示，服装业的能源消耗和服装出口增长呈一致趋势，只是能源消耗的增幅低于出口扩大的增速。

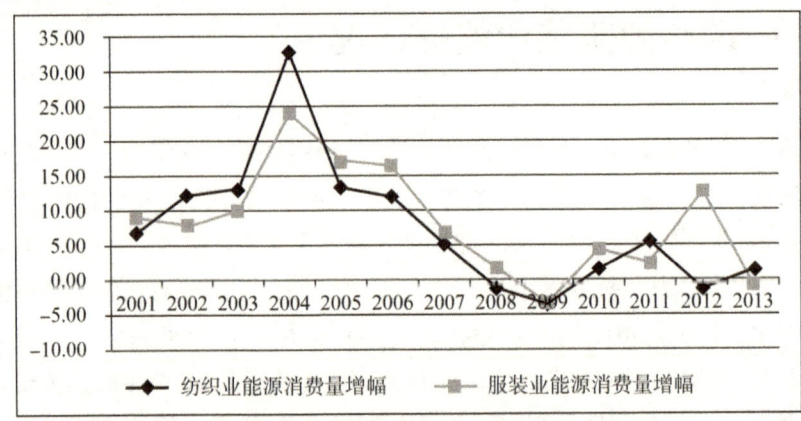

图 4-1 中国纺织服装业能源消费增长情况（单位:%）

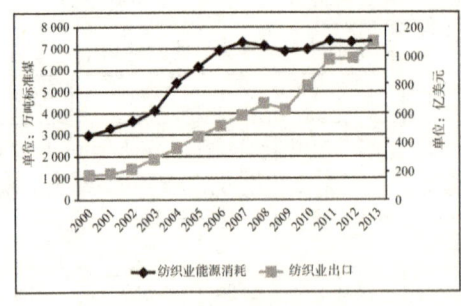

图 4-2 纺织业能源消费与出口

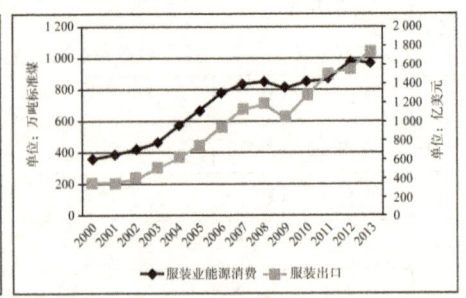

图 4-3 服装业能源消费与出口

4.2 中国纺织服装业"三废"排放情况

纺织业是废水排放大户。数据显示,2011年我国纺织行业(不含化学纤维制造业和纺织服装业)废水排放量、化学需氧量排放量分别约为24亿吨和29万吨,占全国41个工业行业总排放量的11.3%和9.1%,分别位列第三位和第四位[①]。从表4-2可以看出,纺织业的废水排放量在2003—2010年持续增长,但自2008年开始增幅放缓,自2011年开始,纺织业废水排放量持续下降,2013年的废水排放量已回落到2006年的水平。其中的具体指标还显示,纺织业化学需氧量排放自2008年呈逐步下降趋势,2013年的排放量回落至2003年的水平;氨氮排放量则基本处于不断增长态势,但自2012年起也开始下降。就服装业来看,废水排放量、化学需氧量排放量和氨氮排放量三项指标均呈现较大波动,但整体呈增长态势。

表4-2 中国纺织服装业废水排放情况

	纺织业						服装业					
	工业废水		化学需氧量(COD)		氨氮		工业废水		化学需氧量(COD)		氨氮排放量(吨)	
	排放量(万吨)	增幅(%)	排放量(吨)	增幅(%)	排放量(吨)	增幅(%)	排放量(万吨)	增幅(%)	排放量(吨)	增幅(%)	排放量	增幅(%)
2003	141 264	—	245 144	—	11 693	—	5 266	—	8 313	—	351	—
2004	153 875	8.93	302 574	23.43	12 266	4.90	11 395	116.39	14 873	78.91	600	71.22
2005	172 232	11.93	298 628	−1.30	16 565	35.04	9 185	−19.39	21 298	43.19	1 523	153.69
2006	197 934	14.92	315 452	5.63	16 667	0.61	13 685	48.99	17 483	−17.91	1 202	−21.09
2007	225 169	13.76	344 903	9.34	16 513	−0.92	14 494	5.91	18 008	3.00	881	−26.71
2008	230 362	2.31	314 339	−8.86	15 793	−4.36	15 244	5.17	15 614	−13.29	737	−16.28
2009	239 116	3.80	313 087	−0.40	16 051	1.63	14 728	−3.38	17 078	9.38	973	31.94
2010	245 470	2.66	300 608	−3.99	17 410	8.47	12 039	−18.26	13 189	−22.77	755	−22.42
2011	240 802	−1.90	292 227	−2.79	20 170	15.85	19 878	65.11	18 387	39.41	1 728	128.97
2012	237 252	−1.47	277 437	−5.06	19 337	−4.13	17 069	−14.13	15 931	−13.36	1 459	−15.57
2013	202 896	−14.48	254 180	−8.35	17 919	−7.33	17 129	0.35	17 465	9.63	1 413	−3.15

数据来源:历年中国环境统计年鉴。

---

① 节能减排成中国纺织行业主攻方向[EP/OL]. http://www.chinairn.com/news/20140113/112348976.html.

图4-4和图4-5呈现了中国纺织业废水排放与化学需氧量（COD）排放与出口的关系。从图中可以看出，2010年以前，中国纺织业废水排放量和出口量呈一致的增长态势，而2011年起纺织业出口虽仍不断扩大，但废水排放量却呈现下降趋势。纺织业的化学需氧量排放在2003—2013年稳定在25万～35万吨，2007年以前呈增长趋势，自2008年开始逐步下降，和纺织业出口发展趋势相关性不大。从服装业来看，其废水排放量虽有一定波动，但和出口趋势有一定吻合性，而化学需氧量（COD）排放相对来说波动较大，与出口相关度不高。

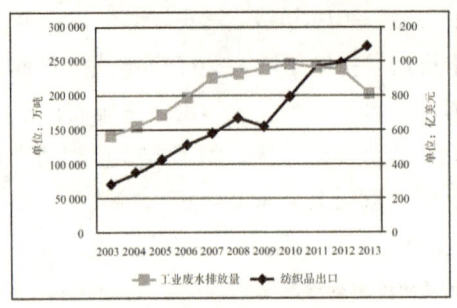

图4-4　中国纺织业废水排放与出口　　图4-5　中国纺织业COD排放与出口

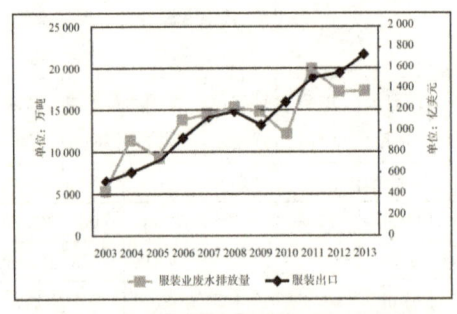

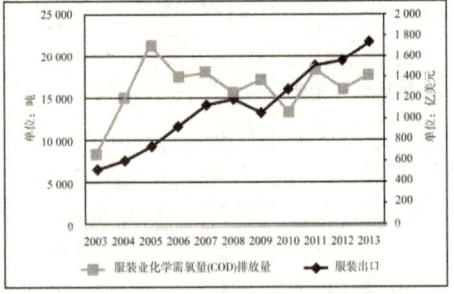

图4-6　中国服装业废水排放与出口　　图4-7　中国服装业COD排放与出口

表4-3显示了中国纺织业和服装业的废气排放情况。中国纺织业的废气排放在2011年和2006年是两个高点，分别达到4 342亿立方米和3 843亿立方米。整体来看，纺织业的废气排放呈下降趋势，2013年的废气排放量已回落至2005年的水平。具体来看，纺织业二氧化硫排放在2006年达到高峰，排放量超过30万吨，此后一直处于25～27吨；烟（粉）尘排放量在2005—2009年一直处于13万吨上下，但自2010年起有较大幅度下降，2013年已不足9万吨。服装业的废气排放量一般在200亿立方米上下，但有些年份出现排放异常增高现象。服装业二氧化硫排放量在2006年达到2.1吨后，在2007—2010年一直稳定在1.2吨上下，但2011年以后进入1.5～2亿吨的区间。服装业工业烟（粉）尘排放在2005

年达到 2 吨的最高值,在 2007 年下降到 0.5 吨后,又逐步增长至 0.8 吨左右。

表 4-3 中国纺织服装业废气排放

年份	纺织业						服装业					
	工业废气		工业二氧化硫		工业烟(粉)尘		工业废气		工业二氧化硫		工业烟(粉)尘	
	排放量(亿立方米)	增幅(%)	排放量(万吨)	增幅(%)	排放量(万吨)	增幅(%)	排放量(亿立方米)	增幅(%)	排放量(吨)	增幅(%)	排放量(吨)	增幅(%)
2003	2 428	—	24.65	—	10.30	—	184	—	0.95	—	0.50	—
2004	2 629	8.28	29.37	19.16	12.70	23.36	178	-3.26	1.30	36.90	0.74	49.34
2005	3 020	14.87	29.62	0.85	13.08	2.99	350	96.63	1.53	17.69	2.03	174.32
2006	3 843	27.25	30.30	2.30	13.00	-0.61	211	-39.71	2.10	37.25	1.20	-40.89
2007	3 576	-6.95	27.59	-8.94	12.88	-0.92	163	-22.75	1.24	-40.95	0.49	-59.17
2008	3 368	-5.82	26.38	-4.39	13.08	1.55	275	68.71	1.19	-4.03	0.73	48.98
2009	3 448	2.38	25.61	-2.91	12.83	-1.88	227	-17.45	1.24	4.34	0.69	-5.49
2010	3 258	-5.51	24.72	-3.47	12.10	-5.68	176	-22.47	1.12	-9.86	0.80	16.51
2011	4 342	33.27	27.23	10.14	10.14	-16.19	643	265.34	1.93	72.13	0.88	9.38
2012	3 164	-27.13	26.98	-0.91	9.21	-9.21	204	-68.27	1.67	-13.40	0.81	-7.54
2013	2 875	-9.13	25.49	-5.52	8.99	-2.34	196	-3.92	1.66	-0.34	0.76	-6.78

数据来源:历年中国环境统计年鉴。

从表 4-4 可以看出,纺织业和服装业的固体废物产生量和排放量均基本呈下降趋势,但过程中存在一定波动。纺织业的固废产生量在 2004 年达到 870 万吨的最高值,连续 3 年下降后在 2008 年达到 790 万吨,随后基本呈下降趋势,到 2013 年下降到 687 万吨。纺织业的固废排放量从 2004 年的 38 万吨大幅下降至 2013 年的 0.28 万吨,降幅显著。服装业的固废产生量最高曾达到 2008 年的 65 万吨,到 2013 年已降至 31 万吨,而固废排放量均在 1 万吨以下,但排放量数值波动巨大。

表 4-4 中国纺织服装业废物产生和排放量

年份	工业固体废物产生量(万吨)		工业固体废物排放量(万吨)	
	服装业	纺织业	服装业	纺织业
2003	529	33	—	—

续表

年份	工业固体废物产生量（万吨）		工业固体废物排放量（万吨）	
	服装业	纺织业	服装业	纺织业
2004	870	34	37.92	0.24
2005	690	30	17	1
2006	679	64	2.89	0.99
2007	660	51	3.5	0.06
2008	790	65	2	…
2009	732	47	0.96	0.06
2010	754	56	0.45	0.42
2011	673	47	1.14	0.38
2012	691	28	0.45	0.3
2013	687	31	0.28	0.03

数据来源：历年中国环境统计年鉴。

第三部分

纺织产业贸易隐含碳核算分析

5 中国纺织服装业进出口贸易隐含碳的测算分析

5.1 隐含碳概念界定

隐含碳（Embodied Carbon）是指在产品生产或者服务提供过程中所直接和间接排放的 CO_2 总量。隐含碳出口是指一国在生产出口商品满足进口国消费需求的同时，把整个生产过程中的二氧化碳排放在生产国，造成了事实上的转移排放；隐含碳进口亦是同样的道理。

图 5-1 以从棉花的种植到一件纺织品的生产为例描述了隐含碳的概念。假设在 U 国，棉花的种植直接排放的 CO_2 为 A，间接排放的 CO_2 为 A_1（比如棉花的播种需要用电，发电产生的 CO_2 就是间接排放），以此类推，纺纱纺线过程中直接 CO_2 排放是 B，间接排放是 B_1……最后，生产一件纺织品的直接排放可表示为"A＋B＋C＋D＋E"，间接排放可表示为"$A_1＋B_1＋C_1＋D_1＋E_1$"，所以在 U 国生产一件纺织品的直接与间接排放 CO_2 之和，即隐含碳就是"A＋B＋C＋D＋E＋$A_1＋B_1＋C_1＋D_1＋E_1$"。"隐含碳"作为一个环境指标，用来描述产品供应链从上游生产过程到下游生产过程，直到消费者的各个环节所产生的直接的和间接的全部污染，体现了从"摇篮到坟墓"的全过程控制思想。

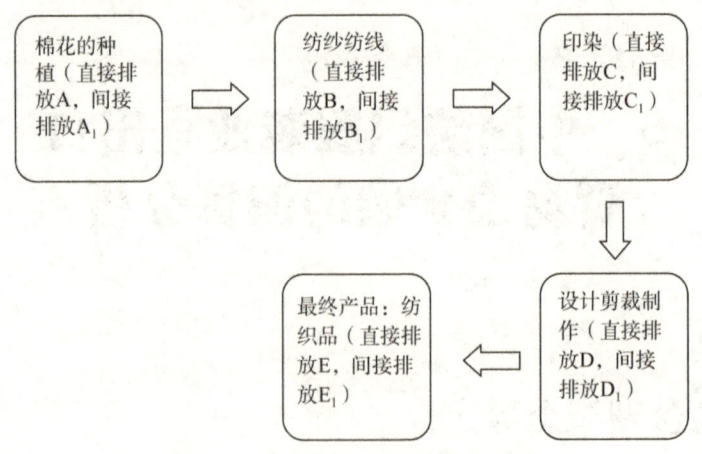

图 5-1　一件纺织品隐含碳示意图

5.2　研究方法和数据

5.2.1　投入产出法

(1) 概念介绍

目前，国际上对于贸易隐含碳排放的研究主要采用投入产出分析法（Input-Output Analysis），投入产出法是目前进行贸易隐含碳排放研究的基本方法。

投入产出法（I—O）是分析特定经济系统内投入与产出间数量依存关系的原理和方法，也称产业部门间分析。它由美国的里昂惕夫在 1936 年最早提出，其理论基础是瓦尔拉斯的一般均衡论，主要通过编制投入产出表及建立相应的数学模型，反映经济系统各个部门（产业间）的关系。[1]其特点是在考察各行业部门间错综复杂的投入产出关系时，能够发现任何局部的最初变化对经济体系各部分的影响。

投入产出分析表现为投入产出模型，具有两种模型形式：其一是投入产出表；其二是投入产出数学模型，二者密不可分，形成一个完整的模型体系。假设国民经济有 n 个部门，则各经济部门之间的投入产出关系可以如表 5-1 体现。

表 5-1 投入产出表基本结构

投入＼产出	中间产品				最终产品	总产出
	部门 1	部门 2	···i···	部门 n		
中间投入 部门 1	x_{11}	x_{12}	······	x_{1n}	y_1	X_1
部门 2	x_{21}	x_{22}	······	x_{2n}	y_2	X_2
···j···	······	······	······	······	······	······
部门 n	x_{n1}	x_{n2}	······	x_{nn}	y_n	X_n
增加值						
总投入						

数据来源：刘起运，陈璋，苏汝劼. 投入产出分析 [M]. 中国人民大学，2011.

如表 5-1 中所示，那么同行元素的关系可以得到

$$x_{11}+x_{12}+\cdots+x_{1n}+y_1=X_1$$
$$x_{21}+x_{22}+\cdots+x_{2n}+y_2=X_2$$
$$\vdots$$
$$x_{n1}+x_{n2}+\cdots+x_{nn}+y_n=X_n$$

即基本的投入产出关系

$$\sum_{j=1}^{n}x_{ij}+y_i=X_i(i=1,2,\cdots,n) \tag{5-1}$$

当我们在使用投入产出法时，不仅得到了各种产品的直接碳排放，还可以计算出其整个生命周期中所产生的碳排放。产品生命周期是一个线性的过程，主要包括：原材料的获得、原材料加工成中间产品、中间产品制造或加工成最终产品、最终产品的使用、废弃产品的处理或再循环，还包括原材料和产品在各个过程之间的运输。图 5-2 所示为一件纺织品的生命周期，包括原材料的种植、纤维制造、纺纱等生产过程，然后是这些原料加工织造以及面料印染等中间产品的过程，还有最终产品纺织品的消费过程，以及最后废气纺织品的处理和再循环过程，还包括这些过程中的运输、电力消耗等。使用投入产出法，可以评估产品整个生命周期中，即从原材料的获取、产品的生产到最终使用后的处置，对环境所产生的影响。它能够深入分析各部门之间的联系，分析各部门活动之间的因果关系和比例关系。

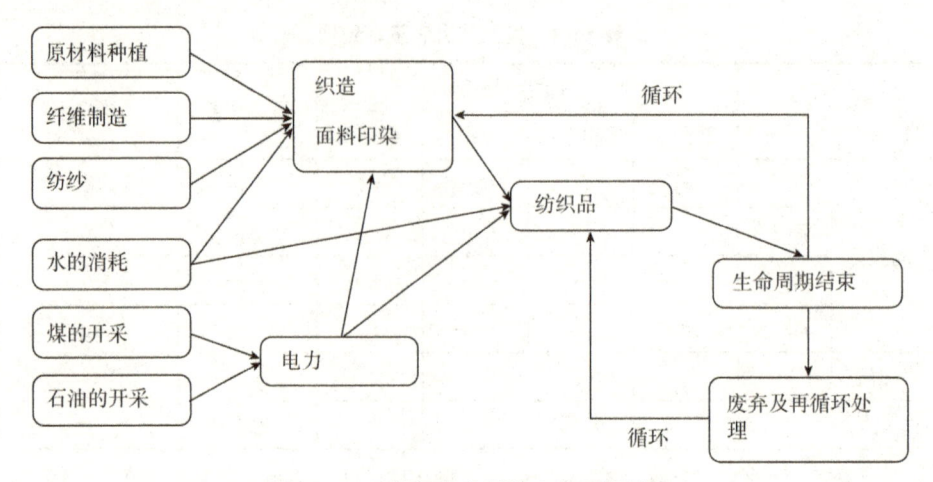

图 5-2 以纺织品为例的生命周期过程

数据来源：作者整理。

在定量研究中，根据数据及模型的不同要求，投入产出法可分为单区域投入产出法（SRIO）和多区域投入产出法（MRIO），近些年来又发展出完全多区域投入产出法（FULL-MRIO）。SRIO 模型假设"生产技术同质"，即在进口隐含碳测算中，对于来自不同国家的产品，均使用与出口国相同的完全碳排放系数。然而在现实中，由于各国的技术水平和产业结构并不相同，来自不同国家的产品碳排放差异很大，比如，2009 年美国纺织业完全碳排放系数为 0.613 kg CO_2/美元，中国为 1.417 kg CO_2/美元，约为美国的 2.3 倍（此结果为作者计算所得，后文中有体现）。因此，SRIO 模型的"生产技术同质"假设并不符合实际，其测算出的进口隐含碳结果不具备足够的确定性。

随着数据的完善，MRIO 模型被更多的学者采纳，它取消了 SRIO 模型提出的"生产技术同质性假设"，考虑到各国生产技术的异质性，利用各个国家的投入产出数据分别测算其不同部门的完全碳排放系数。相较于 SRIO 模型，MRIO 模型更精确、更加符合实际所测算的进口隐含碳，适用于多边贸易隐含碳的估算。然而，MRIO 模型也有其弊端，即各国在编制投入产出表的时候，并未将国内中间产品投入和进口中间产品投入区分开来，如中国编制的投入产出表。用未剔除进口中间产品投入的贸易隐含碳估算，其结果会被高估，FULL-MRIO 模型的建立则有效解决了这一问题。有别于前两种方法，FULL-MRIO 模型所使用的投入产出表，在编制过程中已经将进口中间产品投入和国内中间产品投入区分开来，从而更准确地计算贸易过程中产生的隐含碳。三种投入产出模型的对比如表 5-2 所示。

表 5-2 三种投入产出模型对比

	特点	优点	缺点
SRIO 模型	生产技术同质性假设	相对来说数据要求较低	误差较大
MRIO 模型	生产技术异质性	计算结果较准确，考虑到了各国生产技术的差异性，适用于多国间贸易隐含碳计算	没有剔除进口中间产品投入的影响，会高估隐含碳测算结果
FULL-MRIO 模型	生产技术异质性，并将进口中间产品投入与国内进口中间产品投入区分开来	剔除了进口中间产品投入的影响，贸易隐含碳计算更为准确	对数据要求较高，尤其是对投入产出表的编制要求较高

数据来源：作者整理。

(2) 直接消耗系数

直接消耗系数 a_{ij} 表示每生产单位 j 产品要消耗 i 种产品的数量，所有 a_{ij} 构成直接消耗系数矩阵 A，它表明了国民经济的生产技术结构。其计算公式为

$$a_{ij}=x_{ij}/X_j \quad (i, j=1, 2, \cdots, n) \tag{5-2}$$

从定义（5-2）可以导出，$x_{ij}=a_{ij}X_j$，将其代入式（5-1），得

$$\sum_{j=1}^{n} Ia_{ij}X_j + y_i = X_i (i=1,2,\cdots,n)$$

用矩阵形式可表示为

$$AX+Y=X$$

其中 Y 为 y_i 组成的矩阵，X 为 X_i 组成的矩阵。将上式移项合并得到

$$X=(I-A)^{-1}Y$$

由此便建立了总产出与最终使用之间的关系，在利用投入产出表计算出直接消耗系数矩阵 A 的情况下，只要已知总产出列向量 X 或者最终使用列向量 Y 其中的某一项，便可以求出另一未知项。

(3) 完全消耗系数

完全消耗系数 b_{ij} 是指生产 j 单位最终产品对 i 的完全消耗量，用 B 来表示完全消耗系数矩阵。其关系式为

完全消耗系数＝直接消耗系数＋全部间接消耗系数

根据上面的阐述，矩阵 A 是直接消耗系数，Y 是最终使用列向量，本部门的消耗可表示为

$$X_0=I\times Y$$

根据直接消耗系数的经济含义，为了提供 Y 的最终产品，需要直接消耗其他

各部门的产出为

$$X_1 = A \times Y$$

而为了提供数量为 W_1 的产品，在生产过程中又要消耗 n 个部门的产品为

$$X_2 = A \times X_1 = AA \times Y$$

以此类推，为了提供数量为 Y 的最终产品，在其整个生命周期过程中的完全消耗为

$$\begin{aligned}X &= X_0 + X_1 + X_2 + \cdots \\ &= (I + A + AA + AAA + \cdots) Y \\ &= (I - A)^{-1} Y\end{aligned} \quad (5-3)$$

$B = (I - A)^{-1}$ 称为完全消耗系数矩阵，也称为列昂惕夫逆矩阵。

(4) 投入产出法在隐含碳排放测算中的应用

将投入产出模型扩展到非经济领域，可以用其来衡量单位产出变化所产生的外部性。本研究引入行向量 C，即直接排放系数矩阵，它的元素 c_{ij} 表示 j 部门每单位产出的直接 CO_2 排放量，为每部门 CO_2 排放量与部门产值之比。

单位产出直接和间接排放的 CO_2 之和，即完全排放系数可表示为

$$M_{ij} = C (I - A)^{-1} \quad (5-4)$$

计算商品中隐含碳的方法是用生产国该类产品的 CO_2 排放系数乘以商品价值矩阵。应用投入产出法来计算每种产品所直接和间接排放的 CO_2，能够更加全面客观地衡量产品整个生命周期的 CO_2 排放情况。

对于中国来说，由于加工贸易所占的比重大，在计算过程中若不考虑加工贸易的影响，即不考虑生产过程中所耗用的进口中间产品的影响，把生产出口品所需要的中间产品都当成是国内生产，会造成计算结果上的偏差。事实上，一个国家生产过程中所使用的中间产品投入并不完全来自本国，那么这些来自国外的中间产品，虽然进入生产国的生产过程，但并不在其国内产生排放。因此，在计算过程中，需要将这些进口中间产品剔除。

相应地，直接消耗系数矩阵 $A = A^d + A^m$。A^d 为国内投入的直接消耗系数矩阵，其元素表示 j 部门每生产一单位产出需要投入的 i 部门的国内中间投入量；A^m 为进口投入的直接消耗系数矩阵，其元素表示 j 部门每生产一单位产出需要投入的 i 部门的进口中间投入的量。按照OECD"比例进口假设"理论[1]，现定

---

[1] 比例进口假设：这一假设包括两个方面，一是中间产品中进口投入与国内投入的比例等于最终产品中进口与国内生产的比例；二是进口投入的比例在国民经济各部门间是一样的。

义对角矩阵 M 为进口系数矩阵,其元素 m_{ii} 表示每个产业部门投入中进口中间产品所占的比例,用以衡量每个部门对进口的依赖程度。那么,$A^d = A - A^m = (I - M)A$。

中国出口隐含碳 EXC 可表示为

$$\text{EXC} = C_0 (I - A^d)^{-1} EX_0 \tag{5-5}$$

其中,C_0 表示中国的直接排放系数,EX_0 为出口额。

中国进口隐含碳 IMC 可表示为

$$\text{IMC} = \sum C_i (I - A_i^d)^{-1} \text{IM}_i (i = 1, 2, \cdots) \tag{5-6}$$

其中,C_i 为中国进口来源国 i 的直接排放系数,A_i^d 为进口来源国 i 的国内投入直接消耗系数,IM_i 为进口列向量。

中国对外贸易的净隐含碳,即碳平衡可表示为

$$\Delta C = \text{EXC} - \text{IMC} = C_0 (I - A^d)^{-1} EX_0 - \sum C_i (I - A_i^d)^{-1} \text{IM}_i (i = 1, 2, \cdots) \tag{5-7}$$

5.2.2 数据处理及行业划分

(1) 数据来源及说明

本章所使用的1995—2009年中国及其他各国(地区)投入产出表和分行业二氧化碳排放数据均来源于世界投入产出数据库(WIOD, World Input-Output Database),进出口贸易数据来源于OECD网站STAN双边贸易数据库(STAN Bilateral Trade Database in goods,行业及最终使用按 ISIC REV. 4 分类),价格平减指数来源于世界投入产出数据库社会经济账户(WIOD, Socio Economic Accounts)。WIOD 所提供的投入产出表已将进口中间产品投入与国内中间产品投入区分开来进行统计,适用于 FULL-MRIO 模型。

虽然 WIOD 所提供的投入产出表最新至2011年,但分行业二氧化碳排放系数仅至2009年。受到此数据的限制,本研究期间只能截止到2009年。

虽然大多数学者在研究隐含碳时,利用《中国统计年鉴》的分行业能源消耗量数据,可以将研究期延长至2013年,但由于本书研究的是纺织服装业这一单一产业,在计算进口隐含碳时,很难找到对应贸易国的分行业能源消耗数据。因此,只能依赖 WIOD 提供的投入产出表和分行业二氧化碳排放数据进行分析。

运用此数据库数据进行贸易隐含碳研究的学者,研究期限也仅限于1995—

2009年，如赵玉焕（2012）对中美贸易隐含碳的研究、张继辉（2015）对巴西对外贸易隐含碳的研究等。

本研究以 1995 年为基期，利用 WIOD 社会账户提供的历年价格指数对各国 1995—2009 年的总产出进行了价格平减调整。同样，以 1995 年为基期，对贸易数据也进行了价格平减调整。

(2) 行业划分

在计算进出口隐含碳时，为保证投入产出表部门与贸易数据部门对应，参照赵玉焕（2012）的划分方法，对各产业部门进行归并及重新调整，最终得到 16 个部门，具体如表 5-3 所示。

表 5-3 行业划分

编号	行业名称	编号	行业名称
1	农林牧渔业	9	橡胶塑料产品制造业
2	采矿和采石业	10	非金属矿物制品业
3	食品制造及烟草加工业	11	金属制品和机械设备业
4	纺织服装业	12	废品废料及其他制造业
5	皮革及其制品业	13	电力、燃气及水的生产和供应业
6	木材加工业	14	建筑业
7	纸和纸制品、印刷业	15	运输仓储业
8	化学工业	16	其他服务业

数据来源：作者整理。

5.3 中国纺织服装业贸易隐含碳排放测算

5.3.1 出口贸易隐含碳测算

(1) 出口贸易隐含碳总量的估算及分析

图 5-3 给出了中国纺织服装业出口贸易隐含碳的变化趋势。从图 5-3 及表 5-4 中我们可以看到，出口隐含碳方面，1995—2009 年中国纺织服装业出口隐含碳整体处于增长状态，由 10 233.88 万吨增长为 24 352.27 万吨，增长约 2.38

倍，其变化主要分为3个阶段：(1) 1995—2001年，出口隐含碳变化不大，呈现较为平稳状态；(2) 2001—2007年，出口隐含碳迎来了快速增长，年平均增长率约为16.80%；(3) 2007—2009年，出口隐含碳出现了10.96%的负增长。这一方面是由于在2005年我国提出节能减排后，纺织服装业完全碳排放系数有较大程度的下降，也就是说单位产出排出的CO_2气体显著减少；另一方面则是受美国次贷危机影响，自2007年纺织服装出口增速降缓，2009年出口总额甚至出现负增长，出口受到较大打击。以2009年为例，2009年，纺织服装业出口额比2007年下降约3.4%，同时其完全碳排放系数则较2007年下降了17.95%，共同拉低了2007—2009年的出口隐含碳排放量。

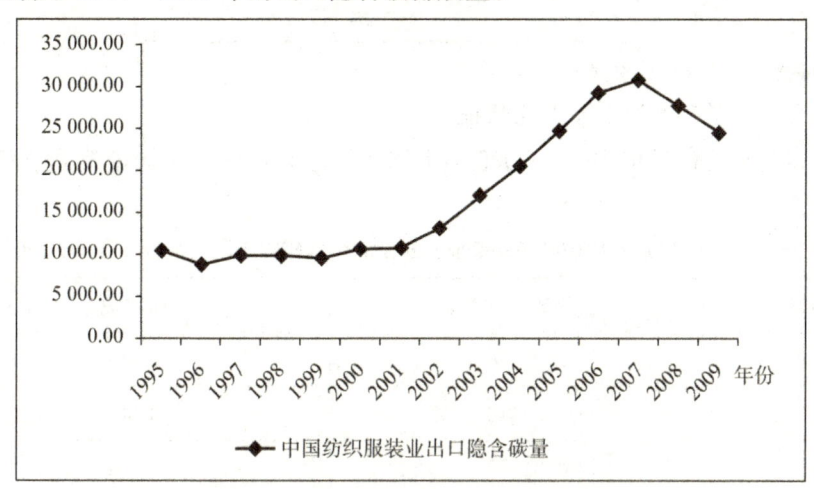

图5-3　1995—2009年中国纺织服装业出口贸易隐含碳量（单位：万吨）
数据来源：作者计算整理。

表5-4　1995—2009年中国纺织服装业出口贸易隐含碳量（单位：万吨）

年份	隐含碳出口额
1995	10 233.88
1996	8 824.00
1997	9 699.25
1998	9 858.61
1999	9 377.89
2000	10 598.42
2001	10 673.52
2002	13 104.01

续表

年份	隐含碳出口额
2003	16 871.02
2004	20 419.49
2005	24 777.27
2006	29 061.93
2007	30 724.81
2008	27 784.75
2009	24 352.27

数据来源：作者计算整理。

(2) 碳排放系数测算及变化特征

通过计算可以得出 1995—2009 年中国纺织服装业的直接碳排放系数和完全碳排放系数，如表 5-5 所示。

表 5-5 1995—2009 年中国纺织服装业直接及完全碳排放系数（单位：kg CO_2/美元）

年份	直接碳排放系数	完全碳排放系数
1995	0.526	2.651
1996	0.412	2.387
1997	0.386	2.112
1998	0.385	2.176
1999	0.291	1.911
2000	0.236	1.720
2001	0.217	1.665
2002	0.197	1.638
2003	0.188	1.688
2004	0.221	1.732
2005	0.181	1.672
2006	0.140	1.563
2007	0.120	1.423

续表

年份	直接碳排放系数	完全碳排放系数
2008	0.112	1.236
2009	0.100	1.192

数据来源：作者依据 WIOD 数据计算整理。

直接碳排放系数方面，1995 年纺织服装业直接碳排放系数为 0.526 kg CO_2/美元，随后数据呈现下降趋势，到 2009 年减少为 0.100 kg CO_2/美元，降低了 80.99%，下降幅度非常大。

完全碳排放系数方面，纺织服装业完全碳排放系数也呈现逐年下降趋势。1995 年，纺织服装业完全碳排放系数为 2.651 kg CO_2/美元，2009 年，纺织服装业完全碳排放系数降低为 1.192 kg CO_2/美元，降低了约 55.04%。研究期内直接碳排放系数与完全碳排放系数变化趋势如图 5－4 所示。

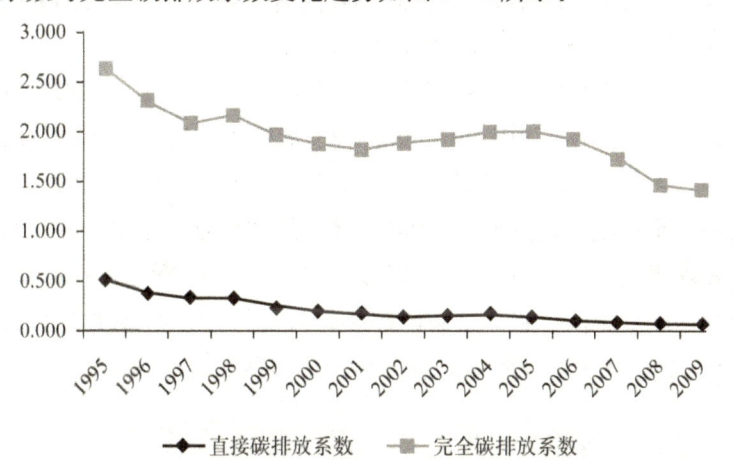

图 5－4　1995—2009 年中国纺织服装业直接及完全碳排放系数变化趋势（单位：kg CO_2/美元）

数据来源：作者依据 WIOD 数据计算整理。

从图 5－4 趋势可以看出，中国纺织服装业的直接碳排放系数和完全碳排放系数总体呈下降趋势，说明低碳减排在我国纺织服装行业的发展过程中起到了很大的作用。然而通过数据对比我们可以看到，纺织服装业的完全碳排放系数远高于直接碳排放系数，这说明行业的单位产出对其他行业的消耗依赖较大。

对其他行业部门的消耗，可以用间接碳排放系数——完全碳排放系数与直接碳排放系数的差值表示，同时这一系数也可以间接反映某国对清洁能源的依赖程度。图 5－5 展示了在同一坐标轴下，中国纺织服装业直接碳排放系数和间接碳排放系数的比较。可以看到，间接碳排放系数占到了完全碳排放系数的较大比例，行业单位产出对自身的消耗相比较而言占比较小。

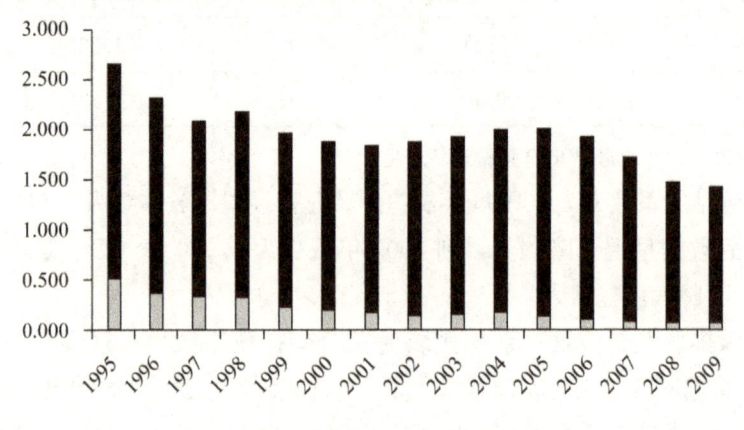

图 5-5　中国纺织服装业直接碳排放系数和间接碳排放系数比较（单位：kg CO_2/美元）

数据来源：作者依据 WIOD 数据计算整理。

在此我们引入美国纺织服装业数据，与中国纺织服装业直接碳排放系数和完全碳排放系数做一个对比。图 5-6 和图 5-7 展示了中美两国纺织服装业直接碳排放系数和完全碳排放系数的比较，可以看到，在同样坐标轴比较下，中美两国纺织服装业的间接碳排放系数均高于其直接碳排放系数，但中国纺织服装业的间接碳排放系数明显高于美国。观察直接碳排放系数指标，中国纺织服装业在 2006 年已开始低于美国，然而较高的间接碳排放系数说明我国纺织服装业依赖其他行业，尤其是化工行业和能源所产生的 CO_2 排放远远高于美国。

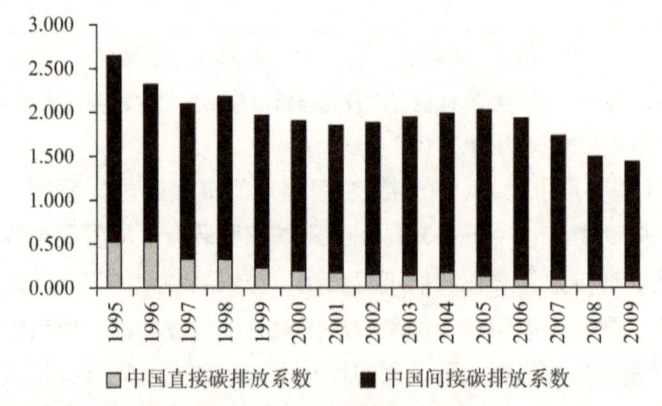

图 5-6　中国纺织服装业直接碳排放系数和间接碳排放系数比较（单位：kg CO_2/美元）

数据来源：作者依据 WIOD 数据计算整理。

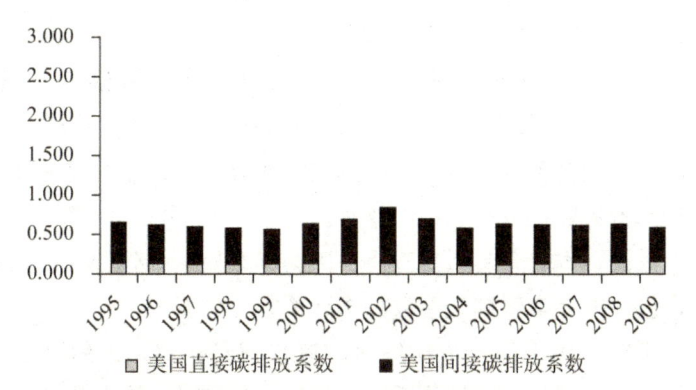

图 5-7 美国纺织服装业直接碳排放系数和间接碳排放系数比较（单位：kg CO_2/美元）
数据来源：作者依据 WIOD 数据计算整理。

5.3.2 进口贸易隐含碳测算

(1) 数据及方法使用说明

要计算中国纺织服装行业进口隐含碳排放量，需要用到两个数据：一是进口国的纺织服装业完全碳排放系数，二是中国从该国进口纺织服装的贸易额。通过对数据的梳理，笔者发现，不管是贸易往来国的贸易数据获得，还是投入产出数据的获得，均存在较大的限制，现分析如下。

完全碳排放系数的获得，需要进口国 1995—2009 年投入产出表作为支撑。WIOD 统计了全球 40 个国家（地区）的投入产出表，这 40 个国家（地区）中，包括 27 个欧盟成员国及 13 个世界主要国家（地区）。

将世界各国按照"OECD 成员国（共 34 个）""金砖五国"以及"其他国家（地区）"进行分类，分别比对其贸易数据与投入产出数据，结果发现：①OECD 成员国中，有 19 个国家在研究期内既有完整的纺织服装业贸易数据，也有投入产出数据，理论上可以进行准确测算；有 4 个国家投入产出数据缺失；有 11 个国家贸易数据缺失。②金砖国家中（除中国），南非在研究期内贸易数据缺失，且缺失投入产出数据；印度、俄罗斯、巴西在研究期内既有完整的纺织服装业贸易数据，也有投入产出数据，理论上可以进行准确测算。③其他国家（地区）中，仅中国台湾与印度尼西亚在研究期内既有完整的纺织服装业贸易数据，也有投入产出数据，理论上可以进行准确测算。具体各国（地区）情况与贸易数据见章末附表1。

基于以上讨论，将符合条件的 24 个国家（地区）选出。研究期内，中国纺织服装业从这 24 个国家（地区）进口的数额占中国纺织服装业进口总额的平均比重为65.18%（详细数据见章末附表2）。在运算初期，笔者通过增加中国香港、越南、巴基斯坦、马来西亚及泰国的贸易数据，将这一比重提升到了83.07%左右，但由于这几个国家（地区）没有相应的投入产出数据，无法进行进一步精确计算，于是舍弃。另外，部分国家如波兰、爱尔兰等，与美国、日本等显著国家相比贸易数据过小，可以忽略。

基于以上讨论，本研究参照赵玉焕、田扬（2014），赵玉焕、张继辉（2015）的研究成果，进口国完全碳排放系数具体计算方法如下。

(1) 选出研究期内中国十大纺织服装进口贸易伙伴，采用这十个国家（地区）的实际投入产出系数和碳排放系数，单独计算其进口隐含碳。

(2) 其他国家（地区）归入ROW（Rest of World）。ROW的价格指数为其余十大贸易伙伴国的平均价格指数，ROW完全碳排放系数的替代考虑以下三种情形。

情形一：取前十大进口国（地区）的碳排放系数均值进行替代。

情形二：采用进口国家（地区）中碳排放系数最高的国家（地区）进行替代。

情形三：采用进口国家（地区）中碳排放系数最低的国家（地区）进行替代。

通过对贸易数据的梳理和投入产出表的对比考量，笔者在24个国家（地区）中选取中国纺织服装业进口额前十位的国家（地区）进行纺织服装业进口隐含碳的计算，这十个国家（地区）分别为：美国、日本、韩国、意大利、德国、法国、澳大利亚、印度、印度尼西亚和中国台湾。中国从这十国（地区）进口纺织服装总额约占到了中国纺织服装进口额的63.50%。详细数据见章末附表2。

采用这种方法，既避免了由于"技术同质性假设"造成的数据偏差较大，也在很大程度上避免了对我国纺织服装行业进口隐含碳的高估或低估，同时，通过三种情形的比较，也可以对进口隐含碳的衡量有一个比较客观的把握。

(2) 十国进口贸易隐含碳的估算分析

研究期内中国从十大纺织品贸易伙伴所进口的隐含碳量如图5-8所示。可以看到，研究期内，中国从十大纺织品贸易伙伴进口隐含碳平均约为517.87万吨，变化趋势大致分为三个阶段：①1995—2000年，进口隐含碳量逐年增长，由1995年的352.40万吨逐渐上涨到2000年的577.30万吨；②2000—2004年，进口隐含碳量较为固定，在600万吨左右；③2005—2009年，进口隐含碳量逐年下降，且在2008年负增长达9.26%。

第三部分 纺织产业贸易隐含碳核算分析

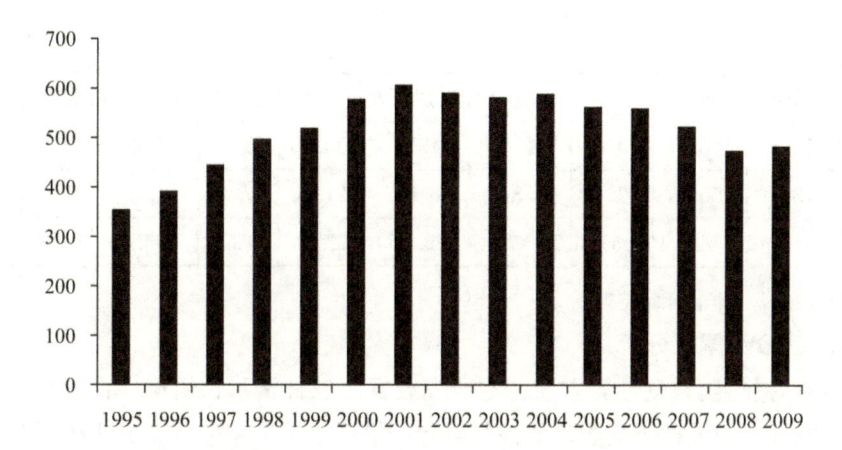

■ 中国纺织服装业进口隐含碳量（十国及地区）

图 5-8　1995—2009 年中国从十大纺织品贸易伙伴国进口隐含碳量变化趋势（单位：万吨 CO_2）

数据来源：作者计算整理。

分国家（地区）来看，由中国台湾进口隐含碳量最大，研究期内累计为 3 114.99 万吨；韩国次之，研究期内累计从韩国进口隐含碳 2 316.14 万吨；日本排在第三位，为 1 155.81 万吨。

表 5-6　中国纺织服装业进口隐含碳分国家（地区）（单位：万吨 CO_2）

年份	中国台湾	韩国	日本	印度	印度尼西亚	美国	意大利	澳大利亚	法国	德国
1995	170.60	100.86	47.79	3.10	3.67	9.90	5.42	8.55	1.29	1.22
1996	176.52	119.61	56.97	9.00	4.51	9.66	5.85	7.80	1.19	1.18
1997	194.25	127.48	66.47	20.02	6.10	9.81	6.99	9.79	1.43	1.19
1998	221.44	144.80	65.69	29.55	13.21	7.00	5.14	8.96	1.73	1.25
1999	227.45	160.85	73.67	21.35	14.45	5.87	5.40	7.91	2.65	1.23
2000	233.58	171.11	88.44	27.57	20.90	8.22	8.82	12.00	5.07	1.58
2001	241.21	187.42	85.32	31.71	25.45	9.08	10.69	10.33	5.21	2.00
2002	244.44	168.13	85.37	24.24	26.20	13.83	10.88	11.92	4.41	2.62
2003	233.84	173.28	88.94	16.28	29.63	15.29	10.23	7.45	6.09	2.74
2004	218.07	183.11	100.44	19.21	28.94	15.15	11.28	5.09	6.43	2.95
2005	216.69	169.41	90.26	12.33	28.39	19.78	13.54	3.42	7.76	3.08
2006	212.18	160.50	90.15	12.65	26.69	24.52	15.86	3.46	9.55	3.19
2007	187.73	151.08	86.09	13.72	24.31	27.71	16.99	3.14	10.23	3.58

续表

年份	中国台湾	韩国	日本	印度	印度尼西亚	美国	意大利	澳大利亚	法国	德国
2008	158.20	148.35	70.89	17.14	14.57	30.05	21.00	2.24	9.87	3.69
2009	178.79	150.17	59.30	26.88	16.95	21.50	17.44	1.78	7.88	3.40
总计	3 114.99	2 316.14	1 155.81	284.77	283.95	227.38	165.52	103.85	80.80	34.91

数据来源：作者计算整理。

(3) ROW 国家分析

ROW 进口隐含碳计算方面，本研究设置了三种情形：情形一：取前十大进口国（地区）的碳排放系数均值进行替代；情形二：采用进口国家中碳排放系数最高的国家进行替代（印度尼西亚）；情形三：采用进口国家中碳排放系数最低的国家进行替代（日本）。

最终测算得到的中国从 ROW 进口纺织品隐含碳总额如表 5-7 所示。

表 5-7　ROW 进口纺织品隐含碳总额（单位：万吨）

年份	十国（地区）	ROW 情形一	ROW 情形二	ROW 情形三
1995	352.40	265.52	228.62	68.56
1996	392.30	251.51	229.11	75.62
1997	443.52	269.67	301.22	91.31
1998	498.76	313.15	839.83	87.82
1999	520.84	286.94	873.28	85.43
2000	577.30	346.50	1 144.26	98.29
2001	608.42	393.53	1 445.96	101.34
2002	592.05	433.70	1 629.03	119.32
2003	583.76	476.91	2 041.43	122.90
2004	590.66	492.83	2 328.78	125.95
2005	564.66	506.69	2 577.21	119.41
2006	558.76	537.59	2 888.49	132.40
2007	524.58	522.98	2 984.52	131.59
2008	476.02	380.55	1 834.67	97.17
2009	484.09	385.68	1 944.78	77.62

数据来源：作者计算整理。

可以看到，不同情形下中国纺织服装业进口隐含碳量差别很大。情形一采取了十国（地区）完全碳排放系数均值进行计算，其中有5国（日本、意大利、德国、法国、澳大利亚）的完全碳排放系数小于 0.5 kg CO_2/美元；3国及地区（美国、韩国、中国台湾）的完全碳排放系数介于 0.5 kg CO_2/美元与 1 kg CO_2/美元之间；2国（印度、印度尼西亚）的完全碳排放系数大于 1 kg CO_2/美元。情形一计算出来的 ROW 进口隐含碳数据较中肯，变化趋势与十国（地区）较一致。

情形二采用印度尼西亚的完全碳排放数据进行计算，可以看到自 1998 年起，不论是与情形一还是情形三相比，数据的差距开始变大，到 2009 年更是达到了 20 多倍的差距。这主要是由于印度尼西亚完全碳排放系数较高造成的，通过图 5-9 对比印度尼西亚与日本纺织业完全碳排放系数可以看到，自 1998 年起，两者开始存在巨大差距。研究期内日本纺织业平均完全碳排放系数仅为 0.262 kg CO_2/美元，而印度尼西亚的这一数据则高达 3.825 kg CO_2/美元，约是日本的 15 倍。

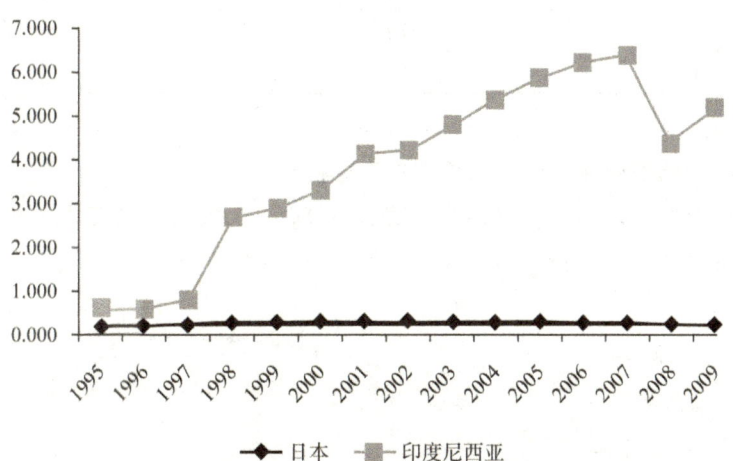

图 5-9 印度尼西亚与日本纺织服装业完全碳排放系数变化趋势（单位：kg CO_2/美元）

数据来源：作者计算整理。

造成印度尼西亚和日本的完全碳排放系数差别如此之大的原因，主要是两国的经济形势。如表 5-8 所示，研究期内，印度尼西亚的价格指数一路飙升，以 1995 年为基期，2009 年的价格指数达到了 620.7；相比之下，日本则略处于通货紧缩状态，2009 年价格指数为 94.1。这就造成了在进行价格处理后，印度尼西亚纺织服装产业单位产出的 CO_2 排放远高于日本。

表 5-8　印度尼西亚与日本价格指数变化

	印度尼西亚	日本
1995	100.0	100.0
1996	110.5	99.7
1997	128.3	100.9
1998	211.5	100.1
1999	239.1	98.5
2000	255.6	97.8
2001	288.6	96.6
2002	307.0	95.0
2003	314.2	93.8
2004	338.0	93.9
2005	382.1	94.2
2006	435.7	95.2
2007	483.2	95.7
2008	573.8	98.0
2009	620.7	94.1

数据来源：WIOD Socio Economic Accounts。

(4) 中国纺织服装业进口隐含碳总量分析

基于以上讨论，笔者认为，选用情形一可以较为客观地估算中国纺织服装业进口隐含碳总量，其变化趋势及具体数据如图 5-10 及表 5-9 所示。

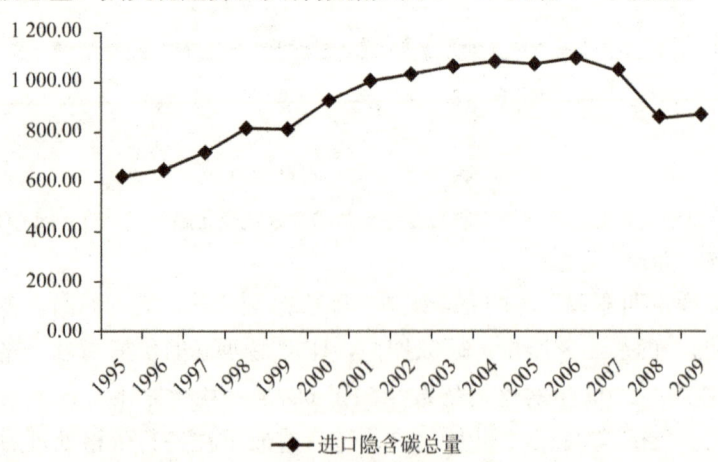

图 5-10　1995—2009 年中国纺织服装进口隐含碳变化趋势（单位：万吨）

数据来源：作者计算整理。

1995—2009 年，中国纺织服装业进口隐含碳变化呈现波折趋势。1995—2007 年，进口隐含碳总量呈现缓慢上升趋势，由 1995 年的 617.92 万吨逐渐上升到 2007 年的 1 047.56 万吨；2008 年下降为 856.57 万吨，下降了 18.23%，2009 年有小幅上升。

表 5-9　1995—2009 年中国纺织服装业进口隐含碳量（单位：万吨）

年份	进口隐含碳
1995	617.92
1996	643.81
1997	713.19
1998	811.91
1999	807.78
2000	923.80
2001	1 001.95
2002	1 025.75
2003	1 060.67
2004	1 083.49
2005	1 071.35
2006	1 096.35
2007	1 047.56
2008	856.57
2009	869.78

数据来源：作者计算整理。

5.3.3　贸易隐含碳净值分析

基于以上研究，我们可以得到中国纺织服装业贸易隐含碳净值，如表 5-10 所示。可以看到，我国纺织服装业是隐含碳净输出国，且隐含碳净输出值逐年增加。

表 5-10　中国纺织服装业贸易隐含碳净值（单位：万吨）

年份	出口隐含碳	进口隐含碳	隐含碳净值
1995	10 233.88	617.92	9 615.96

续表

年份	出口隐含碳	进口隐含碳	隐含碳净值
1996	8 824.00	643.81	8 180.18
1997	9 699.25	713.19	8 986.05
1998	9 858.61	811.91	9 046.70
1999	9 377.89	807.78	8 570.11
2000	10 598.42	923.80	9 674.62
2001	10 673.52	1 001.95	9 671.57
2002	13 104.01	1 025.75	12 078.26
2003	16 871.02	1 060.67	15 810.35
2004	20 419.49	1 083.49	19 336.00
2005	24 777.27	1 071.35	23 705.92
2006	29 061.93	1 096.35	27 965.58
2007	30 724.81	1 047.56	29 677.25
2008	27 784.75	856.57	26 928.18
2009	24 352.27	869.78	23 482.50

数据来源：作者计算整理。

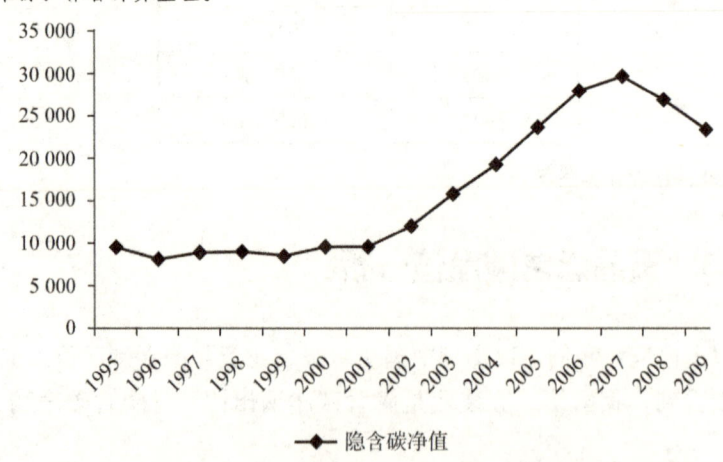

图 5-11 1995—2009 年中国纺织服装业隐含碳净值变化趋势（单位：万吨）

数据来源：作者计算整理。

图 5-11 描绘了研究期内隐含碳净值的变化趋势。2001 年加入 WTO 之前，我国纺织服装业隐含碳虽然处于净输出状态，但相对稳定，在 9 000 万吨左右；

2001年加入WTO之后，随着出口纺织服装的数量大幅增加，而进口纺织服装数量相对稳定且数额较小（见图5-12），直接导致我国隐含碳净出口值急剧增加。

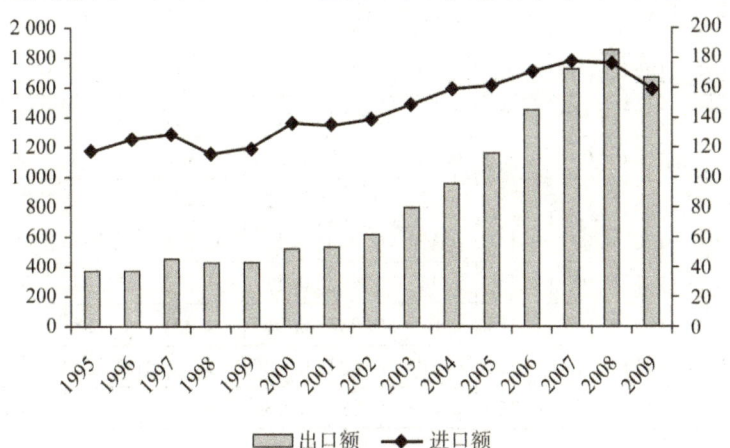

图5-12　1995—2009年中国纺织服装业进出口额变化趋势（单位：万吨）

数据来源：OECD数据库。

伴随着巨大的贸易失衡，我国纺织服装业隐含碳也呈现巨大的失衡，造成这个现象的原因主要有以下几个方面。

一是产业结构造成中间投入消耗较高，间接导致了纺织服装行业较高的完全碳排放强度。我们首先将中国纺织服装行业的直接碳排放系数与选取的十国（地区）放在一起比较，可以看到，1995—1997年，中国纺织服装行业的直接碳排放系数最高，甚至高于印度，但是从2006年起，这个系数仅高于日本和德国，直接碳排放系数大幅下降，说明伴随着节能减排在纺织服装行业的有力推行，以及纺织服装业技术水平的提升，纺织服装行业自身生产的碳排放效率在不断提高。

表5-11　中国与十国/地区纺织服装业直接碳排放系数比较（单位：kg CO_2/美元）

年份	中国	美国	日本	韩国	意大利	德国	法国	澳大利亚	印度	印度尼西亚	中国台湾
1995	0.526	0.152	0.045	0.156	0.162	0.108	0.162	0.084	0.275	0.152	0.193
1996	0.378	0.147	0.053	0.159	0.164	0.127	0.164	0.077	0.256	0.145	0.246
1997	0.345	0.146	0.067	0.184	0.183	0.127	0.183	0.082	0.272	0.210	0.284
1998	0.331	0.145	0.089	0.351	0.140	0.125	0.140	0.086	0.265	0.755	0.358
1999	0.245	0.134	0.084	0.263	0.153	0.119	0.153	0.078	0.264	0.921	0.375
2000	0.204	0.143	0.078	0.234	0.179	0.124	0.179	0.099	0.282	1.146	0.370

续表

年份	中国	美国	日本	韩国	意大利	德国	法国	澳大利亚	印度	印度尼西亚	中国台湾
2001	0.184	0.152	0.090	0.257	0.177	0.132	0.177	0.119	0.291	1.432	0.386
2002	0.162	0.159	0.100	0.219	0.158	0.131	0.158	0.117	0.254	1.251	0.356
2003	0.155	0.148	0.091	0.213	0.144	0.095	0.144	0.105	0.206	1.501	0.315
2004	0.181	0.132	0.099	0.189	0.124	0.078	0.124	0.102	0.203	1.796	0.314
2005	0.146	0.126	0.091	0.144	0.121	0.065	0.121	0.118	0.165	2.197	0.349
2006	0.113	0.139	0.081	0.116	0.117	0.047	0.117	0.116	0.148	2.596	0.299
2007	0.094	0.161	0.072	0.101	0.095	0.035	0.095	0.094	0.138	2.761	0.272
2008	0.084	0.161	0.054	0.105	0.088	0.031	0.088	0.085	0.224	1.950	0.239
2009	0.074	0.177	0.052	0.109	0.088	0.034	0.088	0.094	0.151	2.228	0.264

数据来源：作者计算整理。

接下来，我们再将中国纺织服装行业的完全碳排放系数与选取的十国（地区）放在一起比较，可以看到，在研究期内，除印度尼西亚外，中国纺织服装业的完全碳排放系数是最高的。在节能减排有力的推行下，中国完全碳排放系数一路下降，即便如此，2009 年 1.417 kg CO_2/美元的排放强度仍高于除印度尼西亚之外的所有国家（地区），是日本的 6.85 倍，美国的 2.31 倍，德国的 8.34 倍，如表 5-12 所示。

表 5-12　中国与十国/地区纺织服装业完全碳排放系数比较（单位：kg CO_2/美元）

年份	中国	美国	日本	韩国	意大利	德国	法国	澳大利亚	印度	印度尼西亚	中国台湾
1995	2.651	0.670	0.181	0.519	0.391	0.289	0.391	0.342	1.033	0.604	0.647
1996	2.323	0.639	0.202	0.533	0.375	0.312	0.375	0.340	1.022	0.612	0.661
1997	2.092	0.613	0.244	0.605	0.414	0.320	0.414	0.393	1.303	0.804	0.718
1998	2.170	0.587	0.282	0.999	0.360	0.329	0.360	0.468	1.920	2.693	0.879
1999	1.967	0.580	0.283	0.891	0.377	0.302	0.377	0.453	1.450	2.893	0.882
2000	1.886	0.652	0.285	0.783	0.467	0.337	0.467	0.505	1.468	3.318	0.884
2001	1.841	0.698	0.289	0.899	0.474	0.355	0.474	0.543	1.653	4.117	0.982
2002	1.884	0.858	0.309	0.802	0.436	0.344	0.436	0.652	1.461	4.212	0.944
2003	1.926	0.714	0.288	0.830	0.386	0.270	0.386	0.528	1.293	4.791	0.898
2004	1.996	0.583	0.289	0.850	0.333	0.233	0.333	0.452	1.201	5.338	0.817
2005	2.014	0.648	0.272	0.751	0.338	0.217	0.338	0.472	0.965	5.872	0.812

续表

年份	中国	美国	日本	韩国	意大利	德国	法国	澳大利亚	印度	印度尼西亚	中国台湾
2006	1.927	0.640	0.284	0.682	0.348	0.194	0.348	0.488	0.854	6.207	0.735
2007	1.727	0.639	0.281	0.648	0.298	0.173	0.298	0.416	0.782	6.375	0.651
2008	1.476	0.647	0.231	0.746	0.291	0.160	0.291	0.383	0.846	4.358	0.514
2009	1.417	0.613	0.207	0.919	0.288	0.170	0.288	0.412	1.108	5.185	0.704

数据来源：作者计算整理。

较高的间接排放系数，说明随着各行业间关联度的增强，中国纺织服装产业在生产全过程中消耗的其他行业产品所形成的间接污染排放越来越多。通过前面的分析我们知道，对纺织服装产业贡献度最大的部门为"化学工业"，这一部分中间投入中消耗的能源和产生的 CO_2 排放较高，间接拉高了中国纺织服装业的碳排放强度。

二是中国能源消费以污染较大的煤炭为主，煤炭消费占到了中国能源消费的近70%。根据美国能源信息署（EIA）数据，自1995年以来，中国因煤炭消费所带来的碳排放逐年递增，尤其是2001年之后快速增加，如图5-13所示。每单位热量燃煤所引起的 CO_2 排放远高于石油和天然气，如此庞大的煤炭消费带来的必然是极高的碳排放强度。

与美国能源消费相比，2012年，中国的煤炭消费已达到38.87亿吨，为美国的4.37倍。尽管中国风力发电建设居世界第五，但中国的发电方式仍然以火力发电为主，年燃煤发电量的增长是风力发电增长的40倍还多。较为清洁的低碳天然气使用率不足美国的20%，2012年中国日均消耗生物燃料仅5.9万桶，仅为美国的6.5%。

而美国的能源消费则以石油和低碳天然气为主，同时大力发展生物燃料。根据美国能源信息署（EIA）数据显示，自2008年以来，美国的煤炭消费逐年下跌，平均降幅约为10.1%；其生物燃料消费量增加迅猛，由2000年的10.8万桶/天猛增到2012年的89.8万桶/天。

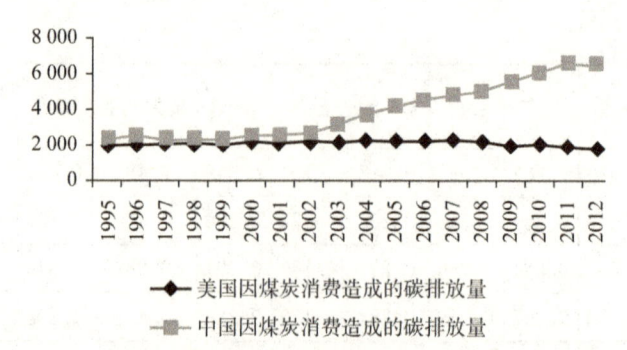

图 5-13　中美煤炭消费造成的碳排放量变化趋势（单位：百万吨）

数据来源：美国能源信息署（EIA）。

三是由于中国在全球纺织服装产业中扮演的角色，决定了现阶段中国大额出口纺织服装产品的贸易方式，这是导致中国纺织服装业隐含碳净输出的主要原因。

5.4　本章小结

本章运用投入产出法模型，利用 WIOD 公布的 1995—2009 年投入产出表数据，在"技术异质性假设"前提下，考虑了加工贸易对结果的影响并剔除了进口中间投入，对 1995—2009 年中国纺织服装业进出口贸易隐含碳进行了测算与分析。

从中国纺织服装业排放系数来看，研究期内我国直接和完全碳排放系数均明显降低，说明随着技术水平的提高以及国家大力提倡"节能减排"，碳排放强度得到了明显改善。完全碳排放系数远高于直接碳排放系数，且间接碳排放系数高于发达国家水平（如美国），说明在中间投入的利用效率、清洁能源的利用率方面，我国与发达国家仍有较大差距。

从进出口排放总量来看，出口隐含碳排放量在研究期内大幅增加，进口隐含碳排放量则较为稳定，隐含碳处于净输出状态。这说明作为"世界工厂"，中国的国际分工地位和日益扩大的贸易规模效益，导致了中国贸易隐含碳的大量排放。

附表 1 (1)
中国从世界各国进口纺织服装品贸易额（单位：亿美元）

国家	美国	日本	韩国	意大利	德国	法国	澳大利亚	英国	加拿大	奥地利	比利时	丹麦	芬兰	荷兰	土耳其	波兰	西班牙	瑞典	爱尔兰
1995	1.477	26.38	19.42	1.387	0.422	0.33	2.501	0.433	0.066	0.016	0.212	0.015	0.017	0.039	0.011	0.006	0.037	0.016	0.002
1996	1.531	28.32	23.28	1.577	0.376	0.314	2.287	0.378	0.09	0.021	0.172	0.006	0.027	0.044	0.026	0.004	0.072	0.019	0.003
1997	1.63	27.94	23.08	1.731	0.373	0.339	2.471	0.398	0.177	0.02	0.284	0.013	0.022	0.035	0.007	0.002	0.046	0.018	0.015
1998	1.245	23.81	19.46	1.488	0.383	0.471	1.827	0.34	0.07	0.025	0.172	0.011	0.018	0.059	0.018	0.002	0.053	0.019	0.009
1999	1.043	26.14	21.08	1.492	0.407	0.667	1.592	0.402	0.052	0.034	0.211	0.017	0.026	0.06	0.028	0.004	0.06	0.052	0.007
2000	1.3	30.85	24.81	2.013	0.473	0.971	2.175	0.496	0.052	0.063	0.495	0.02	0.04	0.07	0.078	0.004	0.114	0.058	0.034
2001	1.329	29.24	23.84	2.475	0.571	0.948	1.858	0.444	0.057	0.074	0.508	0.046	0.045	0.079	0.125	0.006	0.126	0.061	0.024
2002	1.647	27.09	22.14	2.786	0.778	0.864	1.95	0.459	0.077	0.069	0.583	0.029	0.048	0.103	0.124	0.01	0.164	0.1	0.016
2003	2.2	29.9	22.56	2.972	1.033	1.366	1.591	0.456	0.113	0.128	0.893	0.027	0.04	0.139	0.193	0.014	0.21	0.119	0.023
2004	2.728	33.61	23.22	3.822	1.279	1.611	1.309	0.592	0.184	0.104	1.088	0.033	0.068	0.186	0.325	0.028	0.244	0.139	0.026
2005	3.303	32.18	23.71	4.608	1.438	1.845	0.913	0.763	0.158	0.145	1.018	0.064	0.121	0.215	0.395	0.042	0.229	0.141	0.025
2006	4.261	31.3	23.71	5.346	1.682	2.197	0.887	0.81	0.186	0.109	0.889	0.087	0.111	0.288	0.632	0.058	0.366	0.17	0.022
2007	4.866	30.96	23.11	6.89	2.137	2.646	0.989	0.91	0.189	0.116	0.858	0.202	0.153	0.369	1.054	0.107	0.443	0.183	0.033
2008	5.427	32.26	21.55	8.831	2.413	2.529	0.782	1.093	0.239	0.164	0.779	0.128	0.173	0.42	1.363	0.172	0.496	0.169	0.024
2009	4.183	27.64	19.5	7.416	2.1	2.171	0.637	0.807	0.277	0.13	0.613	0.066	0.119	0.333	1.91	0.146	0.532	0.132	0.025

注：1. 无 WIOD 数据国家：新西兰、挪威、瑞士、以色列。

2. 贸易数据缺失国家：智利、捷克、爱沙尼亚、匈牙利、冰岛、卢森堡、墨西哥、葡萄牙、斯洛文尼亚、斯洛伐克。

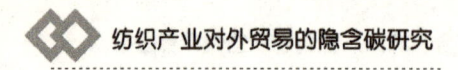

附表 1 (2)
中国从世界各国（地区）进口纺织服装品贸易额（单位：亿美元）

国家	金砖国家					其他国家及地区						
	南非	巴西	俄罗斯	印度		越南（无WIOD数据）	印度尼西亚	巴基斯坦（无WIOD数据）	中国台湾	马来西亚（无WIOD数据）	中国香港（无WIOD数据）	泰国（无WIOD数据）
1995	—	0.018	0.108	0.3		0.014	0.608	1.678	26.38	0.297	20.2	0.726
1996	0.08	0.035	0.064	0.876		0.024	0.814	2.562	27.45	0.881	19.1	0.764
1997	0.09	0.135	0.061	1.527		0.052	0.973	3.349	28.39	0.823	19.13	0.889
1998	0.08	0.005	0.022	1.584		0.074	1.038	3.505	27.3	0.628	18	0.782
1999	0.06	0.004	0.012	1.532		0.097	1.195	3.403	27.11	0.741	17.7	0.724
2000	0.12	0.01	0.023	2.019		0.166	1.61	4.092	27.39	0.644	19.39	0.8
2001	0.18	0.019	0.014	2.037		0.155	1.783	4.781	25.08	0.597	19.42	0.827
2002	0.14	0.021	0.021	1.788		0.188	1.909	4.76	25.9	0.578	20.02	0.866
2003	0.15	0.037	0.037	1.469		0.387	1.943	4.644	25.47	0.53	19.89	1.282
2004	0.17	0.062	0.021	1.931		0.375	1.832	4.538	25.9	0.67	19.73	1.939
2005	0.16	0.124	0.014	1.489		0.47	1.847	5.762	24.96	0.653	18.48	2.021
2006	0.15	0.099	0.03	1.752		0.643	1.873	7.134	25.19	0.733	18.23	2.09
2007	0.14	0.079	0.071	2.063		0.885	1.842	7.443	25.45	0.872	17.58	2.361
2008	0.16	0.088	0.074	2.515		1.73	1.919	6.061	24.01	0.94	14.17	2.698
2009	0.14	0.046	0.029	3.113		2.839	2.029	9.237	21.54	0.8	8.987	2.658

第三部分 纺织产业贸易隐含碳核算分析

附表 2
中国从符合运算条件的 24 国家（地区）纺织服装进口额（单位：亿美元）

国家	1995	1996	1997	1998	1999	2000	2001	2002	2003	2004	2005	2006	2007	2008	2009
美国	1.477	1.531	1.630	1.245	1.043	1.300	1.329	1.647	2.200	2.728	3.303	4.261	4.866	5.427	4.183
日本	26.379	28.320	27.936	23.807	26.140	30.855	29.237	27.095	29.900	33.606	32.179	31.301	30.963	32.259	27.636
韩国	19.422	23.280	23.076	19.459	21.081	24.812	23.840	22.136	22.556	23.218	23.709	23.714	23.111	21.555	19.496
意大利	1.387	1.577	1.731	1.488	1.492	2.013	2.475	2.786	2.972	3.822	4.608	5.346	6.890	8.831	7.416
德国	0.422	0.376	0.373	0.383	0.407	0.473	0.571	0.778	1.033	1.279	1.438	1.682	2.137	2.413	2.100
法国	0.330	0.314	0.339	0.471	0.667	0.971	0.948	0.864	1.366	1.611	1.845	2.197	2.646	2.529	2.171
澳大利亚	2.501	2.287	2.471	1.827	1.592	2.175	1.858	1.950	1.591	1.309	0.913	0.887	0.989	0.782	0.637
英国	0.433	0.378	0.398	0.340	0.402	0.496	0.444	0.459	0.456	0.592	0.763	0.810	0.910	1.093	0.807
加拿大	0.066	0.090	0.177	0.070	0.052	0.052	0.057	0.077	0.113	0.184	0.158	0.186	0.189	0.239	0.277
奥地利	0.016	0.021	0.020	0.025	0.034	0.063	0.074	0.069	0.128	0.104	0.145	0.109	0.116	0.164	0.130
比利时	0.212	0.172	0.284	0.172	0.211	0.495	0.508	0.583	0.893	1.088	1.018	0.889	0.858	0.779	0.613
丹麦	0.015	0.006	0.013	0.011	0.017	0.020	0.046	0.029	0.027	0.033	0.064	0.087	0.202	0.128	0.066
芬兰	0.017	0.027	0.022	0.018	0.026	0.040	0.045	0.048	0.040	0.068	0.121	0.111	0.153	0.173	0.119
荷兰	0.039	0.044	0.035	0.059	0.060	0.070	0.079	0.103	0.139	0.186	0.215	0.288	0.369	0.420	0.333
土耳其	0.011	0.026	0.007	0.018	0.028	0.078	0.125	0.124	0.193	0.325	0.395	0.632	1.054	1.363	1.591
波兰	0.006	0.004	0.002	0.002	0.004	0.004	0.006	0.010	0.014	0.028	0.042	0.058	0.107	0.172	0.146
西班牙	0.037	0.072	0.046	0.053	0.060	0.114	0.126	0.164	0.210	0.244	0.229	0.366	0.443	0.496	0.532
瑞典	0.016	0.019	0.018	0.019	0.052	0.058	0.061	0.100	0.119	0.139	0.141	0.170	0.183	0.169	0.132
爱尔兰	0.002	0.003	0.015	0.009	0.007	0.034	0.024	0.016	0.023	0.026	0.025	0.022	0.033	0.024	0.025
巴西	0.018	0.035	0.135	0.005	0.004	0.010	0.019	0.021	0.037	0.062	0.124	0.099	0.079	0.088	0.046
俄罗斯	0.108	0.064	0.061	0.022	0.012	0.023	0.014	0.021	0.037	0.021	0.014	0.030	0.071	0.074	0.029
印度	0.300	0.876	1.527	1.584	1.532	2.019	2.037	1.788	1.469	1.931	1.489	1.752	2.063	2.515	3.113
印度尼西亚	0.608	0.814	0.973	1.038	1.195	1.610	1.783	1.909	1.943	1.832	1.847	1.873	1.842	1.919	2.029
中国台湾	26.377	27.449	28.389	27.298	27.113	27.386	25.085	25.905	25.469	25.899	24.959	25.192	25.452	24.007	21.544
24国（地区）进口额总计	80.198	87.786	89.678	79.424	83.232	95.170	90.791	88.682	92.926	100.334	99.747	102.065	105.725	107.620	95.170
24国（地区）进口总额	117.047	125.469	128.629	115.518	118.766	136.497	134.551	137.961	147.808	158.334	160.699	170.062	176.889	176.299	158.600
24国（地区）进口额占进口总额占比	68.52%	69.97%	69.72%	68.75%	70.08%	69.72%	67.48%	64.28%	62.87%	63.37%	62.07%	60.02%	59.77%	61.04%	60.01%
所选10国进口额占进口总额占比	67.67%	69.20%	68.76%	68.04%	69.26%	68.58%	66.27%	62.96%	61.23%	61.41%	59.92%	57.75%	57.07%	57.99%	56.95%

6 基于碳核算的纺织产业碳排放责任分析

从介绍"生产者责任"与"消费者责任"两个原则入手，首先介绍了两种碳排放责任的区别；利用投入产出模型，对 1995—2009 年纺织服装行业的国际碳排放责任进行了计算和分析；在两种原则下，从全球视角分析中国纺织服装行业的国际碳排放责任，以及不同责任对全球碳排放的影响。

6.1 生产者责任与消费者责任

2015 年 11 月 30 日至 12 月 11 日，《联合国气候变化框架公约》（以下简称《公约》）第 21 次缔约方会议（COP21）在巴黎召开。本次气候大会前，经济合作与发展组织和国际能源署共同发布的关于国家自主贡献预案（INDC）的报告指出，目前其涵盖的 146 个公约缔约方（包括公约内的所有发达国家和四分之三的发展中国家）的自主贡献，已使得 2010 年至 2030 年碳排放增长比 1990 年至 2010 年减少约三分之一，并且到 2030 年全球碳排放预计可减少 40 亿到 60 亿吨，各国在全球碳减排方面已达成普遍共识。

尽管碳减排已成为各国共同的目标，但气候谈判各方的分歧有增无减，谈判的成果不容乐观，其背后的根本原因是各国对国家碳排放责任的界定存在巨大争议。能否顺利开展全球气候政策与能否建立有效的碳排放责任原则密切相关。目前，国际气候变化制度对各国碳排放责任的划分，采用的是"生产者责任"原则，然而"生产者责任"原则并没有将贸易品生产过程中的外部成本考虑进来。对于中国这样的出口大国，在本国境内产生的碳排放相当一部分是由于出口引起的，如果将这些外部成本都归于中国，那显然是不公平的。那么，到底应该由谁来负担这些外部成本呢？

6.1.1 生产者责任原则

于2005年2月生效的《京都议定书》规定，2008—2012年主要工业国家的CO_2排放量比1990年平均要低5.2%，并根据"共同但有区别责任"原则，发展中国家无强制减排的目标。为了测定减排目标以及各国减排的实施进展，需要一个国家温室气体清单。目前国家温室气体清单是根据IPCC制定的指南编制的，指南中定义"国家清单包括在国家领土和该国拥有司法管辖权的近海海区发生的温室气体排放和清除"。因此国家温室气体清单的编制是按照"领土原则"或者"生产者责任原则"界定排放责任的，即计算的是"生产碳排放"。

"生产者责任"原则与"污染者付费"原则相吻合，"污染者付费"原则是OECD环境委员会于1972年首次提出的，这一原则的核心是要求所有污染者必须为其造成的污染直接或间接支付费用。目前，OECD成员国乃至国际社会将用该原则作为制定环境政策的一个基本原则。这一原则的基本原理是：CO_2排放是在产品生产中产生的，生产者从产品销售中获得收益，所以生产者理应为其排放负责。另外，采用"生产者责任"原则还有以下原因：一是在产品的设计和生产以及实施减排措施方面，生产者拥有更多的知识、能力和管辖权；二是生产者作为一个商业体，方便政府进行监管和统计；三是"生产者责任"原则可以直接刺激生产过程中的减排。

"生产者责任"原则的优势在于其较强的可操作性：通过直接估算和检测生产过程中的二氧化碳排放，按照国家领土内产生的温室气体排放与清除进行核算符合UFCCC中规定的相关原则等。在封闭的经济体中，以该原则来确定减排责任是可取的。

但是，随着全球化进程的不断加快，开放经济的发展则使得"生产者责任"原则容易引发的"碳泄漏"问题越来越明显。比如：①A国提供物质资本，B国提供劳动力，C国提供能源，D国负责加工和生产，那么直接排放也是在D国，最终产品为各国所消费；②A国生产技术密集型产品，如机械、电子设备，B国购进这些中间品或投资品，再投入大量劳动力和能源，生产最终消费品，并为各国所消费。因此，无论上述哪种生产方式，按照上述"领土原则"或者"生产者责任"原则计算一国的"生产碳排放"，从而直接将温室气体排放责任归结为高排放产业的生产国如第1种类的D国或第2种类的B国都是不合理的。

一些碳排放的净出口国（如丹麦）和一些发展中国家（如中国和巴西等）对

"生产者责任"的公正性提出质疑。英国新经济基金会的报告明确指出气候变化的讨论焦点应从商品生产国转移到商品消费国，中国的快速发展促使西方国家把工厂转移到中国，中国不断增加的碳排放量实际上反映的是西方国家的高消费水平。这些国家的产品出口到其他国家供消费，而隐含碳排放却被计算在这些国家的排放清单中。这一问题也被认为是发展中国家不愿承担减排义务的原因之一。

除此以外，依据"领土原则"或者"生产者责任"原则计算"生产碳排放"也会产生一些问题：

首先，根据"污染天堂的假设"，一个国家或地区在该项原则下综合优化经济和环境战略时，很可能将污染排放强度高的产业或其部分生产过程转移到环境要求较宽松的国家或地区，同时进口相应的产品或原料。以"生产者责任"原则计算碳排放，将诱使发达国家通过产业转移或扩大进口的方式减少本国碳排放，掩盖了其 CO_2 排放的"责任转移"问题，并产生新的碳泄漏现象。通过国际贸易，发达国家实现国内减排目标的同时，可能引起发展中国家碳排放量增加，从而导致全球排放量增加，无法有效实施《京都议定书》所提到的减排要求。由于发展中国家一般属于 UNFCCC 非附件Ⅰ国家，不被要求减排责任。因此，虽然表面上附件Ⅰ国家实施了 CO_2 减排计划，但是其却将排放责任转移到了发展中国家，也就是从全球来说 CO_2 排放并没有减少，而只是转移了。如果发达国家的消费习惯不改变，全球 CO_2 的排放量可能会增加得更多。

其次，"生产者责任"原则的公平性受到广泛的质疑，认为其为发达国家 CO_2 排放责任区分的不公平提供借口。在现有核算机制下，处于国际分工低端的发展中国家，因为其经济结构和出口产品多以能源密集型为主，需承担更多的碳排放责任；而发达国家通过国际贸易从发展中国家购买高碳排放的产品得以减少本国的碳排放，发展中国家为此承担了大量的碳排放责任。这种不考虑整体减排效果和发展中国家客观情况的衡量准则显然有失公平。

最后，"生产者责任"原则对鼓励消费者保护环境缺乏相应的激励，并且可能对气候变化协议效力的执行产生消极影响。

6.1.2 消费者责任原则

基于"生产者责任"原则在开放经济中容易引发"碳泄漏"的问题，Munksguard 和 Pedensen（2001）最早提出了"消费者责任"原则来核算一国碳排放责任。他们提出，一国要对本国所有消费所导致的碳排放负责。

在气候变化政策中采用"消费者责任"原则主要有以下几方面的原因：一是消费是经济增长和收入提高的主要驱动因素之一，同时也是引起环境压力的主要驱动因素；第二，消费者通过消费商品提高其生活水平，根据"受益者付费"原则，消费者应该对其消费的产品或服务的碳排放负责；第三，在需求拉动型市场经济条件下，消费者的环保意识以及购买态度决定企业是否采取环境措施的决定性因素。第四，"消费者责任"原则有助于减少"碳泄漏"，由于这一原则对发展中国家更有益、更公平，所以有助于鼓励发展中国家参与到全球减排协定中。

与"生产者责任"原则相比，"消费者责任"原则具有以下几方面的优点：其一，"消费者责任"原则下的责任分配框架可以避免碳泄漏和碳排放转移；其二，"消费者责任"原则丰富了全球气候政策措施，比如鼓励清洁生产发展机制与国家排放清单的结合运用；其三，同"生产者责任"原则相比，"消费者责任"原则的出现改变了气候政治学，降低了气候谈判中的政治阻力，更能鼓励发展中国家的参与，提高发展中国家和发达国家之间的国际合作水平；其四，"消费者责任"原则可以提高消费者的减排意识，通过对"消费者责任"原则的研究让消费者意识到消费行为和消费选择是如何影响碳排放的。

然而，"消费者责任"原则也存在一定的局限性：①"消费者责任"原则计算复杂，需要大量关于各国生产和排放技术和国际贸易的数据，其中某些数据难以获得。目前的研究大多采用投入产出分析评价一个国家的排放责任，但是部门的分类和综合以及假设大大增加了结果的不确定性。②"消费者责任"原则是通过消费者需求对生产者施加环境压力，从而使其改变生产行为，除非消费者有极高的素养及减排意识，否则这很难做到。而且，在这种原则下，生产者缺乏直接的减排动机，可能会放弃使用更清洁或更高效的生产方式，采用"消费者责任"原则反而有可能削弱全球的碳减排效果。③部分由消费引发的碳排放发生在行政管制之外的地区，这就造成"消费者责任"原则下的责任范围超出了行政范围，削弱了"消费者责任"原则的可操作性，因此，"消费者责任"原则的实施需要国际社会的努力与合作。④模型研究方面，既有研究中提出的假设也增大了不确定性，比如用单区域投入产出法来核算消费者的碳排放，需建立在"进口同质性假设"下，简化技术系数选择带来了较大的误差，即使采用多区域投入产出模型，投入产出表本身的不确定性也为消费型碳排放的核算带来了困难。

表6-1列出了"生产者责任"原则与"消费者责任"原则的差别。表6-2列出了两种原则对各个国家以及全球气候变化政策的影响。

表6-1 "生产者责任"原则与"消费者责任"原则的比较

	"生产者责任"原则	"消费者责任"原则
定义	一个国家只对其"国家领土和该国拥有司法管辖权的近海海域"发生的CO_2排放负责	一个国家对其本国居民消费的产品和服务所产生的CO_2排放负责
涉及范围	本国领土	本国消费者以及为本国消费者提供产品的贸易伙伴国
原则	污染者付费原则	受益者付费原则

表6-2 "生产者责任"原则与"消费者责任"原则的政策影响

	"生产者责任"原则	"消费者责任"原则
附件Ⅰ国家	为了完成《京都议定书》中的减排目标,附件Ⅰ国家可能会有以下两种行为:①将CO_2排放密集型产业转移到其他国家,尤其是非附件Ⅰ国家;②从其他国家进口CO_2排放密集型产品代替本国生产。这样在没有降低本国生活水平和消费的前提下,附件Ⅰ国家成功降低了完成减排目标的成本	附件Ⅰ国家会在本国生产、从他国进口和改变生活方式等选择中进行利弊权衡,从而选择最优于自己的方式
非附件Ⅰ国家	由于没有承担国际减排责任,非附件Ⅰ国家通过出口碳密集型产品增加收入,但自身CO_2排放会增加	从出口中获益,从而可能改变其生产技术,促进低碳技术的应用
全球视角	碳泄漏问题主要体现在以下两个方面:①国际运输中CO_2排放增加;②非附件Ⅰ国家出口到附件Ⅰ国家产品的CO_2排放增加 通过国际贸易,附件Ⅰ国家将其CO_2排放转移到非附件Ⅰ国家,降低了本国的CO_2排放,但全球的CO_2排放并没有因此减少,相反,由于非附件Ⅰ国家较低的生产技术,排放强度相对较高,这种转移使全球的碳排放可能增加。因此,净排放贸易顺差国质疑"生产者责任"原则的公平性,拒绝参与承诺全球减排协议	CO_2排放密集型产业转移所引起的碳泄漏问题将得到解决。当附件Ⅰ国家将CO_2排放密集型产业转移到非附件Ⅰ国家时,很可能将其低碳技术同时进行转移。公平的责任分担原则会鼓励更多的发展中国家加入到承诺全球减排框架协议中来

6.2 模型和数据来源

6.2.1 模型的建立

A 国生产产品的隐含碳可以分为两个部门：一是 A 国生产 A 国消费的产品隐含碳（A_1）和 A 国生产出口到他国的贸易隐含碳（A_2）。相应地，A 国从他国进口的贸易隐含碳也可以分为两个部门：A 国从他国进口并在 A 国消费的隐含碳（B_1）和 A 国从他国进口加工然后再出口到其他国的隐含碳（B_2）。

按照"生产者责任"和"消费者责任"原则，A 国的碳排放可以用如下等式表示：

A 国的"生产碳排放"$=A_1+A_2$

A 国的"消费碳排放"$=A_1+B_1$

A 国的"碳排放平衡"$=A_2-B_1$

按照如上分析，根据投入产出模型，A 国生产且 A 国消费的隐含碳 A_1 可表示为

$$A_1=C_a\ (I-A_a^d)^{-1}\ y_a^d$$

其中，$C_a\ (I-A_a^d)^{-1}$ 是 A 国的完全碳排放系数，y_a^d 是列向量，表示 A 国生产且本国消费的产品。

A 国生产后出口的隐含碳 A_2 可表示为

$$A_2=C_a\ (I-A_a^d)^{-1}\ y_a^e$$

其中，y_a^e 也是列向量，表示 A 国生产出口到他国的产品。

A 国从 Z 国进口并在 A 国消费的隐含碳可以分为两个部分：一部分作为生产过程中的中间投入消费（B_2），另一部分用于 A 国居民的最终消费（B_1）。只有 B_1 会被算入隐含碳排放，因此，引入进口矩阵 A^ma，其元素表示进口产品占 A 国 j 部门产出的比率。B_1 可表示为

$$B_1=C_z\ (I-A_z^d)^{-1}\ [A_a^m\ (I-A_a^d)^{-1}\ y_{a,z}^m+y_{a,z}^m]$$

其中，C_z 为 Z 国直接碳排放系数，$(I-A_z^d)^{-1}$ 为 Z 国完全需求系数，$y_{a,z}^m$ 为列向量，表示 A 国从 Z 国进口用于直接最终消费的值。

因此，生产碳排放可表示为

$$F_p = C_a (I - A_a^d)^{-1} (y_a^d + y_a^e)$$

消费碳排放表示为

$$F_c = C_a (I - A_a^d)^{-1} y_a^d + \sum C_z (I - A_z^d)^{-1} [A_a^m (I - A_a^d)^{-1} y_{a,z}^m + y_{a,z}^m]$$

碳平衡，即生产与消费碳排放的差额为

$$F_n = C_a (I - A_a^d)^{-1} y_a^e - C_z (I - A_z^d)^{-1} [A_a^m (I - A_a^d)^{-1} y_{a,z}^m + y_{a,z}^m]$$

6.2.2 数据来源及处理

要计算中国纺织服装业的生产碳排放和消费碳排放，需要中国的投入产出表，中国与各国的双边贸易数据，以及中国及其各贸易伙伴国的纺织服装部门碳排放数据。本章选用世界投入产出数据库（WIOD）提供的投入产出表和 CO_2 排放数据，以及 OECD 双边贸易数据库提供的贸易数据（根据 ISIC Rev. 4 分类）。

虽然最新 OECD 数据库中双边贸易数据已经更新到了 2015 年数据，但因 WIOD 数据库的 CO_2 排放最新数据只更新到 2009 年，为了使数据的部门协调性更好，计算结果更准确，参考赵玉焕、闫云凤等专家的论文研究，本章以 1995—2009 年数据研究各个国家的碳排放责任。

由于中国进出口贸易涉及上百个国家（地区），一一计算这些国家（地区）的碳排放系数不切实际。基于此，本章选取 9 个有代表性的纺织服装贸易伙伴，分别计算这 9 个贸易伙伴的生产和消费碳排放，以便将中国与这些国家和地区进行国际比较，对国际碳排放责任的分配有更加清晰的认识。

这 9 个国家和地区分别是美国、日本、韩国、印度、意大利、澳大利亚、德国、印度尼西亚及中国台湾，研究期内它们的纺织服装进出口贸易总额占中国纺织服装进出口总额的均值约为 48.26%，且进口总额占比均值为 63.54%。这 9 个国家和地区既包括在《京都议定书》附件 I 中的发达国家（美国、日本等），也包括与中国有相似碳排放趋势的发展中国家（印度等）。其他国家及地区归入 ROW（Rest of World）。

6.2.3 计算结果比较分析

(1) 各国纺织服装业碳排放系数的比较

通过计算，首先得出中国以及其他 9 国及地区的纺织服装业直接碳排放系数，如表 6-3 所示。

表 6-3　1995—2009 年各国及地区纺织服装业直接碳排放系数（单位：kg CO_2/美元）

年份	中国	美国	日本	韩国	印度	意大利	澳大利亚	德国	印度尼西亚	中国台湾
1995	0.526	0.152	0.045	0.156	0.275	0.162	0.084	0.108	0.152	0.193
1996	0.378	0.147	0.053	0.159	0.256	0.164	0.077	0.127	0.145	0.246
1997	0.345	0.146	0.067	0.184	0.272	0.183	0.082	0.127	0.210	0.284
1998	0.331	0.145	0.089	0.351	0.265	0.140	0.086	0.125	0.755	0.358
1999	0.245	0.134	0.084	0.263	0.264	0.153	0.078	0.119	0.921	0.375
2000	0.204	0.143	0.078	0.234	0.282	0.179	0.099	0.124	1.146	0.370
2001	0.184	0.152	0.090	0.257	0.291	0.177	0.119	0.132	1.432	0.386
2002	0.162	0.159	0.100	0.219	0.254	0.158	0.117	0.131	1.251	0.356
2003	0.155	0.148	0.091	0.213	0.206	0.144	0.105	0.095	1.501	0.315
2004	0.181	0.132	0.091	0.189	0.203	0.124	0.102	0.078	1.796	0.314
2005	0.146	0.126	0.091	0.144	0.165	0.121	0.118	0.065	2.197	0.349
2006	0.113	0.139	0.081	0.116	0.148	0.117	0.116	0.047	2.596	0.299
2007	0.094	0.161	0.072	0.101	0.138	0.095	0.094	0.035	2.761	0.272
2008	0.084	0.161	0.054	0.105	0.224	0.088	0.085	0.031	1.950	0.239
2009	0.074	0.177	0.052	0.109	0.151	0.088	0.094	0.034	2.228	0.264

数据来源：根据 WIOD 数据计算整理。

通过表 6-3 数据比较可以发现，发达国家（地区）纺织服装直接碳排放系数相对较低，发展中国家的直接排放系数相对较高；发达国家（地区）的直接碳排放系数相对来说较为稳定，而发展中国家，如中国、印度，直接碳排放系数呈现下降趋势，中国从 1995 年的 0.526 kg CO_2/美元降到 2009 年的 0.074 kg CO_2/美元，而印度从 1995 年的 0.275 kg CO_2/美元降至 2009 年的 0.151 kg CO_2/美元，说明发展中国家的纺织服装业，仍在通过技术改革、产业升级改造等方式，从纺织服装行业本身提高着产能效率。

就中国数据来看，中国纺织服装直接碳排放系数在研究期内呈现大幅下降的趋势，并在 2006 年首次低于美国，仅高于日本和德国。这说明随着我国节能减排政策的大力推进和纺织服装行业技术水平的不断上升，其部门直接碳排放效率也在不断提高。

完全碳排放系数方面，大致呈现相同变化趋势，如表 6-4 所示。

表 6-4 1995—2009 年各国及地区纺织服装业完全碳排放系数（单位：kg CO$_2$/美元）

年份	中国	美国	日本	韩国	印度	意大利	澳大利亚	德国	印度尼西亚	中国台湾
1995	2.651	0.670	0.181	0.519	1.033	0.391	0.342	0.289	0.604	0.647
1996	2.323	0.639	0.202	0.533	1.022	0.375	0.340	0.312	0.612	0.661
1997	2.092	0.613	0.244	0.605	1.303	0.414	0.393	0.320	0.804	0.718
1998	2.170	0.587	0.282	0.999	1.920	0.360	0.468	0.329	2.693	0.879
1999	1.967	0.580	0.283	0.891	1.450	0.377	0.453	0.302	2.893	0.882
2000	1.886	0.652	0.285	0.783	1.468	0.467	0.505	0.337	3.318	0.884
2001	1.841	0.698	0.287	0.899	1.653	0.474	0.543	0.355	4.117	0.982
2002	1.884	0.858	0.309	0.802	1.461	0.436	0.652	0.344	4.212	0.944
2003	1.926	0.714	0.288	0.830	1.293	0.386	0.528	0.270	4.791	0.898
2004	1.996	0.583	0.289	0.850	1.201	0.333	0.452	0.233	5.338	0.817
2005	2.014	0.648	0.272	0.751	0.965	0.338	0.472	0.217	5.872	0.812
2006	1.927	0.640	0.284	0.682	0.854	0.348	0.488	0.194	6.207	0.735
2007	1.727	0.639	0.281	0.648	0.782	0.298	0.416	0.173	6.375	0.651
2008	1.476	0.647	0.231	0.746	0.846	0.291	0.383	0.160	4.358	0.514
2009	1.417	0.613	0.207	0.919	1.108	0.288	0.412	0.170	5.185	0.704

数据来源：根据 WIOD 数据计算整理。

完全碳排放系数可以反映出生产过程中采用相对清洁技术的程度。从表 6-4 中可以看出，发达国家及地区纺织服装业完全碳排放系数远低于发展中国家。印度尼西亚是唯一一个纺织服装业完全碳排放系数大幅上涨的国家，这很大程度上是其严重的通货膨胀造成的；从其他国家和地区来看，中国纺织服装业完全碳排放系数呈现大幅下降趋势，印度纺织服装业完全碳排放系数则在 2001 年左右达到最高值后开始下降，发达国家的完全碳排放系数变化较为稳定，远低于发展中国家且维持在 1 kg CO$_2$/美元以下水平。

就中国数据来看，虽然从 1995 年以来，中国纺织服装业完全碳排放系数呈大幅下降趋势，但截止到 2009 年，除印度尼西亚外，仍位于 9 个国家和地区之首。2009 年，中国纺织服装业完全碳排放系数为 1.417 kg CO$_2$/美元，为研究期内最低；同年这一数值最低的是德国，为 0.170 kg CO$_2$/美元，中国是其 8.34 倍。

(2) 生产碳排放和消费碳排放的国际比较

比较各国和地区纺织服装业的生产碳排放和消费碳排放可以看出，研究期内，主要发达国家如美国、日本、澳大利亚和德国纺织服装业的生产碳排放均小于其消费碳排放，且在2007年之前，碳平衡这一负值均呈现扩大趋势。

以2007年为例，美国的生产碳排放比消费碳排放少8 211.78万吨，碳平衡占消费碳排放的67.48%；日本的生产碳排放比消费碳排放少3 886.13万吨，碳平衡占消费碳排放的78.97%；澳大利亚的生产碳排放比消费碳排放少478.11万吨，碳平衡占消费碳排放的77.30%；德国的生产碳排放比消费碳排放少2 042.76万吨，碳平衡占消费碳排放的96.52%，如表6-5所示。

与之形成鲜明对比的是，大多数发展中国家，都是碳输出国家，如中国、印度和印度尼西亚。2007年，中国纺织服装业生产碳排放达85 362.62万吨，消费碳排放57 276.96万吨，生产碳排放比消费碳排放高了49.03%。印度和印度尼西亚的生产碳排放比消费碳排放分别高了12.43%和34.86%。

表6-5　2007年各国及地区纺织服装业生产碳排放和消费碳排放　（单位：万吨）

	生产碳排放	消费碳排放	碳平衡	碳平衡占消费碳排放
中国	85 362.62	57 276.96	28 085.66	49.03%
美国	3 957.73	12 169.51	-8 211.78	-67.48%
日本	1 034.74	4 920.87	-3 886.13	-78.97%
韩国	2 091.27	2 402.92	-311.66	-12.97%
印度	4 589.79	4 082.22	507.58	12.43%
意大利	1 655.34	2 158.56	-503.23	-23.31%
澳大利亚	140.43	618.55	-478.11	-77.30%
德国	73.73	2 116.49	-2 042.76	-96.52%
印度尼西亚	4 184.48	3 102.75	1 081.73	34.86%
中国台湾	290.78	158.79	131.99	83.12%

数据来源：根据WIOD及OECD数据计算得到。

这其中，韩国、意大利和中国台湾是三个比较特殊的国家和地区。我们发现，自2005年，韩国的消费碳排放首次超过生产碳排放；意大利则是在2003年，纺织服装业的消费碳排放首次超过生产碳排放，并且在接下来的几年内这个差距在不断扩大；中国台湾的纺织服装业生产碳排放则一直高于消费碳排放。

从各国进出口隐含碳占生产碳排放的比例,可以看出各国纺织服装业进出口贸易对碳排放的影响。从表6-6可以看出,2007年,美国、日本、韩国、意大利、澳大利亚、德国等发达国家的进口隐含碳远高于其出口隐含碳,有些甚至远高于其本国生产碳排放。而发展中国家和地区如中国、印度和印尼以及中国台湾则处于隐含碳净输出状态。

表6-6　2007年各国及地区纺织服装业进出口隐含碳占生产碳排放的比例(单位:万吨)

	生产碳排放	出口隐含碳	占比	进口隐含碳	占比
中国	85 362.62	30 724.81	35.38%	1 047.56	37.22%
美国	3 957.73	100.47	2.54%	8 312.25	210.03%
日本	1 034.74	118.81	11.48%	4 004.93	387.05%
韩国	2 091.27	365.57	17.48%	677.23	32.38%
印度	4 589.79	521.80	11.37%	14.22	0.31%
意大利	1 655.34	225.47	13.62%	728.69	44.02%
澳大利亚	140.43	7.46	5.31%	485.57	345.76%
德国	73.73	53.56	72.64%	2 096.32	2 843.16%
印度尼西亚	4 184.48	1 085.92	25.95%	4.19	0.10%
中国台湾	290.78	217.96	74.96%	85.97	29.57%

数据来源:根据WIOD及OECD数据计算得到。

(3) 中国生产和消费碳排放的分析

研究期内,中国纺织服装业生产碳排放、消费碳排放及碳平衡变化如图6-1所示。可以看到,中国纺织服装业一直是碳排放输出国,碳平衡呈上升趋势,从1995年的9 520.37万吨上涨到2007年的28 085.66万吨,2007年后受到经济危机影响下跌,2009年降为22 460.11万吨。

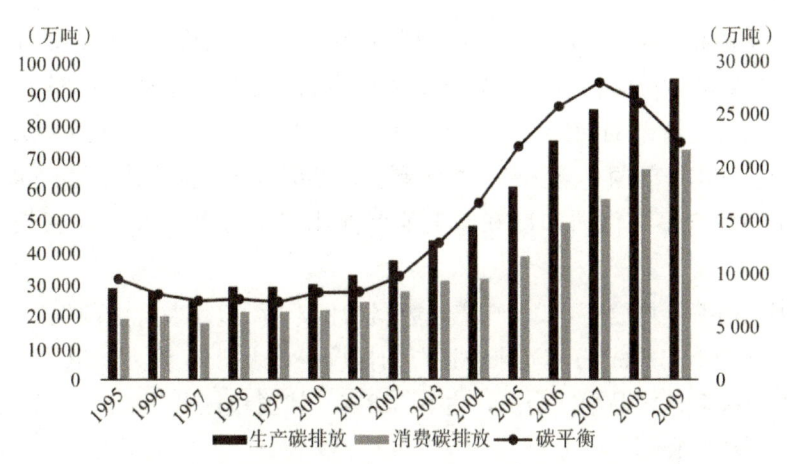

图 6-1　1995—2009 年中国纺织服装业生产碳排放、消费碳排放及碳平衡变化

数据来源：根据 WIOD 及 OECD 数据计算得到。

生产碳排放方面，研究期内，按生产者责任计算的中国生产碳排放中，平均有 68.35% 是中国国内生产国内消费的，剩余的 31.65% 则是其他国家消费但计算在中国的生产隐含碳中。

以 2007 年数据为例，从图 6-2 我们看到，中国生产国外消费的隐含碳中，有 65.75% 生产碳排放是中国国内生产国内消费的，剩余的 34.25% 为中国生产国外消费隐含碳。通过进行国别分析，可以看到对美国出口的隐含碳占了中国纺织服装业生产碳排放的 3.68%、日本占 2.89%、韩国占 0.81%、意大利占 0.61%、澳大利亚占 0.41%、德国占 0.89%，对这 6 个发达的贸易伙伴的出口碳占到中国纺织服装业生产碳排放的 9.29%。中国对发展中国家和地区的出口隐含碳相对来说较少，印度、印度尼西亚和中国台湾分别为 0.25%、0.20% 和 0.09%。

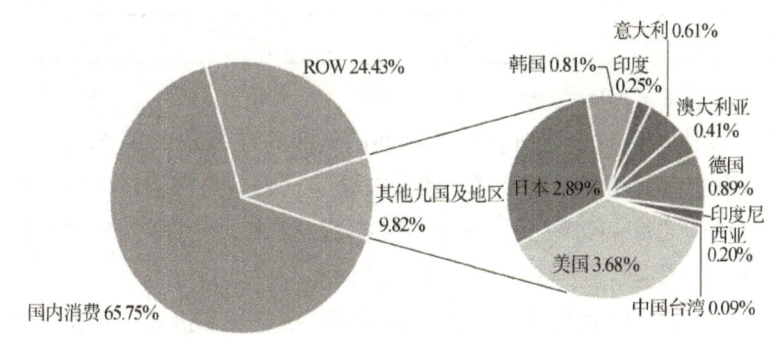

图 6-2　2007 年中国纺织服装业生产碳排放的分布

数据来源：根据 WIOD 及 OECD 数据计算得到。

分行业来看，在 A_2 这个数值中，即中国生产并出口到其他各国的贸易隐含碳值中，研究期内服装产品出口贸易隐含碳占 A_2 的平均占比约为 65.17%，纺织产品平均占比约为 34.83%。以 2007 年为例，通过进行国别比较可以发现，中国向美国、日本、韩国、意大利、澳大利亚、德国以及中国台湾服装产品出口隐含碳高于纺织产品，仅向印度和印度尼西亚出口的服装产品隐含碳低于纺织产品。

中国的消费碳排放中，以 2007 年数据为例，97.99% 来自国内生产的排放，仅有 2.01%（1 152.62 万吨）来自进口的排放，如表 6-7 所示。其中，最大的进口碳排放来源地区是中国台湾，占 0.328%。韩国和日本分列二、三位，分别占 0.264% 和 0.150%。

表 6-7 2007 年中国消费碳排放的分布

	排放量（万吨）	占比（%）
国内排放	57 276.96	97.99
进口排放	1 152.62	2.01
美国	27.71	0.048
日本	86.09	0.150
韩国	151.08	0.264
印度	13.72	0.024
意大利	16.99	0.030
澳大利亚	3.14	0.006
德国	3.58	0.006
印度尼西亚	24.31	0.042
中国台湾	187.73	0.328

数据来源：根据 WIOD 及 OECD 数据计算得到。

将 2007 年中国与这 9 个贸易伙伴之间的进出口碳排放的情况比较发现，中国的纺织服装业对其他国家而言都是碳排放顺差，美国是中国最大的碳排放顺差国，2007 年中美之间的纺织服装碳贸易顺差达 3 116.72 万吨，其次是日本，为 2 381.13 万吨，德国排在第三，为 754.52 万吨。

造成如此大的碳排放顺差主要有三个原因：一是与发达国家相比，我国纺织服装业较高的完全碳排放系数。2007 年，中国纺织服装业完全碳排放系数为 1.727 kg CO_2/美元，美国的这一数据为 0.639 kg CO_2/美元，日本为 0.281 kg

CO_2/美元，德国为 0.173 kg CO_2/美元，中国分别为美国、日本、德国的 2.7 倍、6.1 倍、10.0 倍。

二是由于我国大量出口纺织服装产品，而进口则相对较少。2007 年中国出口到美国、日本和德国三个国家的纺织服装金额达 517.78 亿美元，面对如此大的贸易金额，必然造成大量的出口碳排放；而同年从这三国进口额仅为 37.97 亿美元，如此大的纺织服装品贸易顺差，使得规模效应加倍，出口碳排放远高于进口碳排放。

三是我国纺织服装业仍以加工贸易为主，为其他国家承担了较多的碳责任。通过对 2007 年 OECD 数据库提供的各国数据进行比较，我们发现，中国从发达国家进口的纺织产品，绝大多数用于中间投入。

以美国为例，2007 年，中国从美国进口纺织服装总额为 4.83 亿美元，用于国内最终消费的为 0.48 亿美元，仅占 10%；其中，纺织产品进口总额为 4.72 亿美元，纺织产品用于国内最终消费占纺织进口额的 7.14%，服装产品进口总额为 0.15 亿美元，服装产品用于国内最终消费占服装进口额的 98.80%。结合上文中我们提到，在 A_2 这个数值中，中国向美国等发达国家出口的服装产品隐含碳远高于纺织产品，我们可以得出结论，中国从美国进口的绝大部分纺织品，都用于在中国境内的中间产品加工，产生了大量的碳排放，再以最终产品的方式出口，从而造成了中国生产碳排放的较高水平。

反过来看，美国从中国进口的纺织服装产品主要用在了哪一方面？2007 年，美国从中国进口纺织服装总额为 366.07 亿美元，用于国内最终消费的为 348.62 亿美元，最终消费占进口总额 95%；其中，纺织产品进口总额为 91.79 亿美元，纺织产品用于国内最终消费占纺织进口额的 81.14%，服装产品进口总额为 274.28 亿美元，服装产品用于国内最终消费占服装进口的 99.95%。可以看到，无论是纺织产品还是服装产品，美国从中国进口的量非常大，且大量进口的是可以用于最终消费的产品，而不是在本国用于再加工的中间产品。这说明就纺织服装行业来说，美国通过从中国大量进口纺织服装最终产品，将碳排放转移到了中国。

（4）全球视角下的责任判断

利用中国的完全碳排放系数计算中国所消费的纺织服装额，可以表示在"消费者责任"原则下，中国实际应当承担的碳排放责任。结果如表 6-8 所示。

在"消费者责任"原则下，中国除了需承担自身国内消费所产生的碳排放（A_1），还需承担从他国进口用于本国消费所产生的碳排放（B_1^*），不同于 B_1 实际计算方法，B_1^* 需要用中国纺织服装业完全碳排放系数乘以中国纺织服装品进口额。从表6-8我们可以看到，去掉为其他国家承担的庞大出口隐含碳排放，中国因自身实际消耗所需要承担的纺织服装行业碳排放量远小于现在所承担的碳排放量。

我们再用图表直观地看一下在"生产者责任"原则下，中国为他国承担了多少的碳排放，如图6-3所示。

表6-8 "消费者责任"原则下中国纺织服装业承担的碳责任对比（单位：万吨）

年份	国内生产国内消费（A_1）	国外生产国内消费（B_1^*）	"消费者责任"原则下承担的碳责任	"生产者责任"原则下承担的碳责任	差额
1995	18 874.94	3 102.92	21 977.86	28 944.78	6 966.92
1996	19 565.16	2 738.63	22 303.79	28 257.71	5 953.93
1997	17 262.72	2 490.66	19 753.38	25 425.42	5 672.04
1998	20 777.42	2 341.00	23 118.41	29 278.76	6 160.35
1999	20 699.62	2 209.80	22 909.41	28 970.23	6 060.82
2000	20 865.25	2 386.61	23 251.86	30 125.80	6 873.94
2001	23 532.66	2 250.27	25 782.93	32 926.24	7 143.31
2002	26 617.69	2 347.09	28 964.78	37 567.86	8 603.08
2003	29 984.56	2 505.83	32 490.40	44 098.79	11 608.39
2004	30 582.32	2 601.61	33 183.93	48 463.66	15 279.73
2005	37 712.27	2 567.45	40 279.72	60 934.21	20 654.49
2006	48 365.08	2 508.25	50 873.32	75 390.77	24 517.44
2007	56 124.34	2 176.12	58 300.46	85 362.62	27 062.16
2008	65 484.36	1 729.06	67 213.42	92 573.35	25 359.93
2009	71 487.47	1 502.77	72 990.24	94 926.54	21 936.29

数据来源：作者计算整理。

第三部分 纺织产业贸易隐含碳核算分析

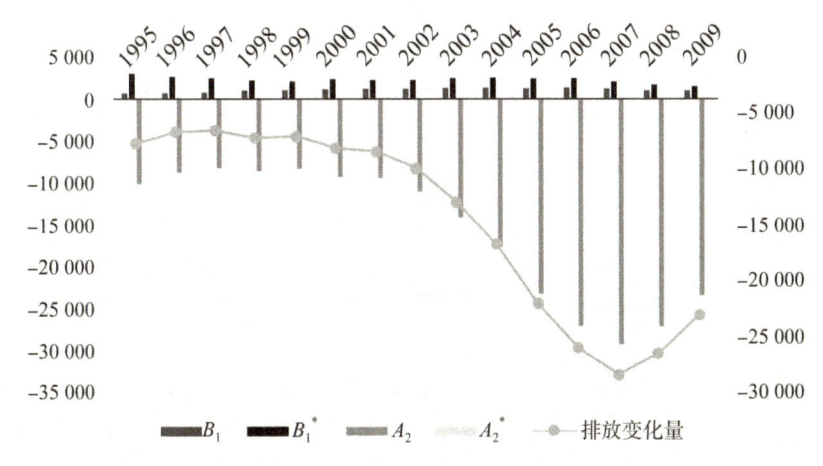

图 6-3 不同责任下中国承担碳排放变化（单位：万吨）

数据来源：作者计算整理。

正坐标轴代表 B_1 和 B_1^*，B_1 为在"生产者责任"原则下，中国从他国进口纺织服装产品所产生的消费碳排放，B_1^* 为"消费者责任"原则下，这部分进口由中国承担。可以看到，B_1^* 要高于 B_1，这是由于中国与发达国家相比完全碳排放系数较高造成的，可见如果这部分消费由中国自己承担，将造成全球视角下碳排放的增加。

负坐标轴代表 A_2 和 A_2^*，仅以负值进行区分，负号不具有任何数学含义。在"生产者责任"原则下，中国为其余各国承担了大量的隐含碳 A_2，然而在"消费者责任"原则下，A_2 将由各自消费的国家承担，因此 A_2^* 变为 0。

这样一来，从中国的角度来看，"消费者责任"原则对中国的碳责任认定有利。从净值来看，因减少了为其余各国所承担的大量碳排放 A_2，"消费者责任"原则下，中国所需承担的碳责任在研究期内大幅下降。

我们将 A_2 这一部分拆分到其余 9 国和地区及 ROW，来看"消费者责任"下这一举动会造成全球视角下碳排放怎样的变动。

在"生产者责任"原则下，中国需承担 A_2，即出口商品的隐含碳排放责任，其变化走势如图 6-4 所示。在"消费者责任"原则下，A_2 将拆分给各个国家自己承担，并不由中国承担，从全球的视角来看，其排放量远小于中国承担这部分碳排放责任所带来的排放量，说明"消费者责任"原则更有利于推动全球减排责任明晰，以及全球减排的实现。

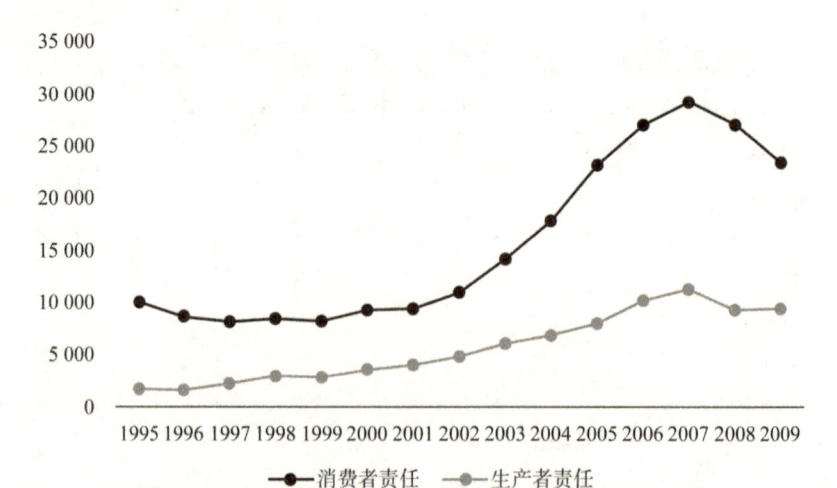

图 6-4　不同责任下 A_2 变化对全球碳排放的影响（单位：万吨）

数据来源：作者计算整理。

以美国为例，我们从数据上对比一下两种不同的原则对全球碳排放的影响。如表6-9所示。

可以看到，在"生产者责任"原则下，由中国为美国承担对应碳责任时，隐含碳排放要远大于美国自己承担的这部分责任。通过比较两国的完全碳排放系数可以清晰地看到，中国纺织服装业完全碳排放系数远高于美国，即使是降到了2009年的 1.417 kg CO_2/美元，仍约为美国这个数值的 2.3 倍，必然会造成更多的碳排放。若在"消费者责任"原则下，美国自行承担此部分责任，则全球将会减排数千万吨碳排放。

表 6-9　不同责任下中美对全球碳排放影响分析

年份	美国完全碳排放系数（kg CO_2/美元）	中国完全碳排放系数（kg CO_2/美元）	美国承担（万吨）	中国承担（万吨）	对全球碳排放影响（美国－中国）（万吨）
1995	0.670	2.651	263.57	1 042.89	－779.31
1996	0.639	2.323	241.25	877.04	－635.79
1997	0.613	2.092	251.64	858.78	－607.14
1998	0.587	2.17	253.75	938.04	－684.29
1999	0.580	1.967	268.55	910.77	－642.21
2000	0.652	1.886	365.63	1 057.63	－692.00
2001	0.698	1.841	386.38	1 019.08	－632.71

续表

年份	美国完全碳排放系数（kg CO$_2$/美元）	中国完全碳排放系数（kg CO$_2$/美元）	美国承担（万吨）	中国承担（万吨）	对全球碳排放影响（美国－中国）（万吨）
2002	0.858	1.884	549.89	1 207.44	－657.56
2003	0.714	1.926	579.33	1 562.72	－983.40
2004	0.583	1.996	538.17	1 842.53	－1 304.35
2005	0.648	2.014	971.54	3 019.57	－2 048.03
2006	0.640	1.927	1 093.26	3 291.74	－2 198.48
2007	0.639	1.727	1 163.46	3 144.43	－1 980.97
2008	0.647	1.476	1 096.75	2 502.00	－1 405.26
2009	0.613	1.417	1 092.89	2 526.30	－1 433.41

数据来源：作者计算整理。

6.3 本章小结

本章从"生产者责任"及"消费者责任"两个原则入手，在进行理论分析过后，运用投入产出模型，对1995—2009年中国与其他国家及地区纺织服装业生产隐含碳和消费隐含碳进行了估算及分析。

在模型计算中，本章采取"技术异质性假设"，但受限于数据缺失及计算量太大，仅选取9个数据连续且符合要求的国家及地区进行计算分析。中国从这9个国家及地区进口纺织服装产品的金额占到了所有纺织服装进口额的约63.54%，其余27.46%归入 ROW (Rest of World)。

通过计算分析发现，从直接和完全碳排放系数来看，发达国家单位产出碳排放效率远高于发展中国家，中国在完全碳排放系数水平与发达国家差距仍然存在。从生产碳排放和消费碳排放角度来看，发展中国家大都生产碳排放大于消费碳排放，在"生产者责任"原则下为他国的消费承担了额外的碳排放；绝大多数的发达国家则消费碳排放远高于生产碳排放，可以说通过把纺织服装产业转移到发展中国家，他们达到了自己国家减排的目标。

从中国的角度来看，中国的生产碳排放远高于消费碳排放，除了本国的需求造成的碳排放以外，巨大的出口额以及相对较小的进口额，也是造成我国生产碳排放远高于消费碳排放的重要原因。从进出口组成来看，中国出口到他国的纺织服装产品，几乎全部用于最终消费，而从他国进口的纺织服装产品用于中国最终消费的数量却非常之少，可以得到结论：中国进口的大部分纺织服装产品，用于了本国的中间投入，再以最终产品的方式销往他国，造成了大量碳排放产生在中国。

若采用"消费者责任"原则，从全球视角来看，中国产生的碳排放远低于其为他国加工纺织服装产品所产生的碳排放，有利于全球碳减排。一是因为中国有较高的完全碳排放系数，二是由于中国代他国加工纺织服装产品规模过大，进口规模又小，抵消后最终有利于全球碳排放。

在研究过程中，仍存有以下难点与不足：①研究最初拟将越南这一新兴纺织品国家加入模型研究，无奈实在找不到其纺织服装行业对应的碳排放量，若用整体碳排放系数替代会造成较大误差，因而放弃；②ROW 的完全碳排放系数采用隐含碳测算部分中提到的"情形一"的数据，势必会产生误差，无法做到更加精确。

第四部分

纺织产业贸易隐含碳增长驱动因素分析及因素分解

7 纺织服装出口贸易隐含碳驱动影响因素分析

纺织品服装是我国出口的主要产品，同时它又是一个名副其实的污染密集型产业，废气、废水的排放量都"名列前茅"，在发展低碳经济的背景下，纺织服装行业成为众矢之的，出口贸易隐含碳的驱动因素的探讨显得尤为重要。

纺织服装出口贸易隐含碳的影响因素有许多，譬如国际贸易市场规模、产业发展状况、低碳技术应用、低碳消费趋势等。伴随着经济增长和能源消费，必然导致碳排放的发生。在探讨纺织服装贸易隐含碳的驱动因素时，我们会从贸易规模、贸易形式、产业经济发展水平、能源消耗、相关产业、政策规制6个方面入手进行分析，通过选择11个经济变量进行模型估计。

7.1 理论假定

7.1.1 贸易规模

国际贸易扩大了国内市场规模，使市场需求增加，促使国内产品生产的扩张。在国内产品生产技术条件不变的情况下，会给环境带来不利影响。鉴于我国是纺织服装的出口大国，我们更为关注出口贸易隐含碳。理论上如果出口贸易量的影响系数为正数，则表明纺织服装出口贸易规模对其碳排放是正向影响关系，即出口贸易规模对纺织服装出口碳排放的增加起促进作用，符合出口贸易导致碳转移排放假说；如果出口贸易量的影响系数为负值，则说明纺织服装对其碳排放增加有抑制作用，符合贸易进程会促进全球技术交流和进步假说。依据中国国情，我们现预测出口贸易的影响系数为正，即纺织品出口贸易额的增加会导致纺织品碳排放增加。

本书用贸易规模数据计算贸易竞争力，即出口贸易竞争力指数来衡量出口贸易竞争力情况，从理论上来讲，出口竞争力强，出口规模就会增加，一般情况下，出口的碳排放总量会因此而增加，我们假定贸易竞争力的影响系数为正值。

7.1.2 贸易形式

在纺织服装业蓬勃发展的同时，其贸易发展方式也在发生着较大的改变。一般贸易是相对于加工贸易而言的贸易方式，指单边输入关境或单边输出关境的进出口贸易方式，其交易的货物是企业单边售定的正常贸易的进出口货物。而加工贸易是指从境外保税进口部分或全部的包装物料、元器件、零部件、原辅材料，由境内的企业装配或加工后，把最后的成品再出口的活动。

无论贸易形式是否相同，它们与环境间的影响机理是基本一致的。即通过规模效应、结构效应、产品和技术效应来影响环境，并比较这几种效应对环境影响的正负效应来判断对环境的影响。总的来说，贸易形式体现的仍是国际贸易的规模，不同贸易形式的影响原系数的假定与贸易规模一致。

7.1.3 产业经济发展水平

环境库兹涅茨曲线的提出，表明大多数污染物的变动趋势与人均 GDP 的关系趋势呈倒 U 形曲线关系，即在人均收入不断增长的条件下，环境污染也随之加剧；当人均收入增长到一定程度时，环境污染水平也达到了最大值；在此之后，随着人均收入的继续增长，环境污染程度随之下降。也就是说，一国或地区的经济发展和环境污染在开始时会出现"两难"的境地，即经济的发展带来环境的不断恶化；然而随着时间的推移，环境污染达到最高峰，经济增长便会与环境污染呈现出"双赢"的关系，随着经济增长，环境污染也随之减弱。

以此类推，某产业的经济发展与贸易隐含碳也有着类似的相关关系。以产业的产出衡量产业经济发展水平，若假定行业产出系数为正，说明纺织业总产出增加将导致碳排放的增加，即产业经济增长导致了碳排放增长；若为负值，则说明产业经济增长减少了碳排放量。

7.1.4 能源消耗

中国纺织业的能源结构以传统的煤炭、石油为主，化石类能源消费产生的碳排放都比较多，因此，能源消耗的增加势必会导致隐含碳排放量的增加。纺织产业产出增加，必然消费的能源就会增加，进而隐含碳的碳排放量上升。因此，能源消费量与产出也有正相关的关系。因此,我们假定能源年消费的系数为正值,表明纺织产业耗能的增加将导致碳排放的增加。

7.1.5 相关产业

前期研究表明,中国纺织业间接排放系数较高,即对其他行业的依赖和消耗较大。因此,我们考虑其他相关行业产出对纺织品碳排放的影响,引入两个对纺织业产出贡献较大的产业,若其系数为正值,说明对应行业对于纺织业碳排放量的增加有正向作用,反之,为负值,则说明加大其投入会对纺织产业起到减排的作用。

7.1.6 环境政策规制

我国正逐步加大力度实施减少污染、改善环境等环境规制措施,环境规制对贸易的影响效果要综合考虑贸易产品成本、贸易企业创新、贸易商品结构和贸易产品市场准入的影响。其中,既有积极影响,又有消极影响,综合影响效果如何,取决于正负作用的平衡与对比。影响环境规制的因素有很多,根据前期的研究成果,我们从环境保护效果和环境保护过程两个角度来选取指标。采用回归法估计因子得分系数,这个系数就是各个年份的环境规制强度系数。理论上讲,环境规制强度越大,政策规制越严格,碳排放量应该有所降低,即环境规制的系数假定为正值。

7.2 变量选取

基于以上贸易隐含碳的影响因素的理论假定分析,我们选取了11个经济变量指标来进行回归模型模拟。具体变量描述见表7-1。

表7-1 模型的指标选择

影响因素	变量指标
贸易规模	产品出口额
	产品进口额
	产品贸易竞争力指数

续表

影响因素	变量指标
贸易形式	产品加工贸易出口总额
	产品一般贸易出口总额
产业经济发展水平	总产出
	人均GDP
能源消费	能源消耗总量
相关产业	化学工业对纺织业的产出贡献率
	农林牧渔业对纺织业的产出贡献率
政策规制	国内环境规制强度系数

7.3 数据来源及说明

建模共选取了11个自变量，来研究这些变量对出口贸易隐含碳的影响。我们的研究对象明确是大纺织产业的概念，即包含纺织、服装，不包含皮革。

模型的变量设定为，因变量Y为纺织服装业出口贸易隐含碳，单位为万吨。而选取的自变量分别为X_1（纺织服装行业总产出）、X_2（纺织服装行业能源消耗总量）、X_3（化学工业对纺织服装业的产出贡献率）、X_4（农林牧渔业对纺织服装业的产出贡献率）、X_5（纺织服装加工贸易出口总额）、X_6（纺织服装一般贸易出口总额）、X_7（纺织服装出口额）、X_8（纺织服装进口额）、X_9（纺织服装贸易竞争力指数）、X_{10}（纺织服装国内环境规制强度）以及X_{11}（实际人均GDP）。以下分别介绍数据来源及其计算处理过程。

鉴于数据的可得性，选取1995—2009年的数据进行研究。其中，纺织服装业出口贸易隐含碳是基于WIOD投入产出数据库和OECD贸易数据库，通过投入产出法计算而得。具体计算过程请见本书贸易隐含碳测算部分。

纺织服装行业总产出数据来源于WIOD在2013年11月发布的国别投入产出表，计价单位为亿美元。根据《中国统计年鉴》的价格平减指数，以1995年为基期对总产出进行价格平减所得。

纺织服装行业能源消耗总量的数据来源于《中国能源统计年鉴》，由于该年鉴不定期发布分行业能源消费总量不同时间段的时间序列数据，因此，1997年

第四部分 纺织产业贸易隐含碳增长驱动因素分析及因素分解

至1999年的数据来源于《中国能源统计年鉴1997—1999年》,而2000年至2009年的数据来源于《中国能源统计年鉴2013年》,数据单位为万吨标准煤。

化学工业对纺织服装业的产出贡献率以及农林牧渔业对纺织服装业的产出贡献率,这两个变量是根据WIOD各年的投入产出表计算得到的直接消耗系数矩阵整理而得。在直接消耗系数矩阵中,纺织服装行业对应的第四列数据表示16个部门在生产过程中单位总产出直接消耗的纺织服装产品部门的产品或服务的数量,即为各个部门对纺织服装业的产出贡献率。通过分析各年直接消耗系数矩阵不难发现,化学工业及农林牧渔业对纺织服装业的单位投入最大,因此,逐年选取直接消耗系数矩阵第四列中化学工业及农林牧渔业对应的数值,即为各年化学工业对纺织服装业及农林牧渔业对纺织服装业的产出贡献率。

纺织服装加工贸易出口总额及其一般贸易出口总额的数据,来源于《中国纺织工业发展报告》纺织品服装进出口额表1997年至2009年的数据。为了将时间序列数据补充完整,基于1997—2009年的贸易额数据,通过双对数时间序列模型推算出1996年和1995年的数据。最后,再以1995年为基期对结果进行价格平减。

实际人均GDP数据来源于IMF数据库,数据本身已经是不变价格的GDP,不需要进行价格平减,可以直接引入。

纺织服装出口额以及进口额的数据,来源于OECD双边货物贸易分行业第四修订版数据库,单位为亿美元。同样,根据《中国统计年鉴》的价格平减指数,以1995年为基期对名义贸易额进行价格平减。

根据前期研究,确定纺织服装行业国内环境规制强度指数综合评价指标体系中包含6个单项指标,即纺织工业废水排放总量、纺织工业废气排放量、纺织工业固体废物排放量、纺织工业"三废"综合利用产品产值、纺织工业环境要素生产力(纺织工业GDP与纺织工业"三废"排放量之和的比值)和污染治理项目本年完成投资额。数据搜集主要涉及三种来源,其中大部分数据来源于《中国统计年鉴》,另一部分分别来源于《中国纺织工业年鉴》和《中国纺织工业发展报告》。利用因子分析法,最终计算得到纺织服装行业国内环境规制强度系数。

基于以上数据整理,建模数据如表7-2所示。

表7-2 模型相关变量数据

变量	Y	X_1	X_2	X_3	X_4	X_5
	纺织服装业出口贸易隐含碳（万吨）	纺织服装行业总产出（亿美元）	纺织服装行业能源消耗总量（万吨标准煤）	化学工业对纺织服装业的产出贡献率（％）	农林牧渔业对纺织服装业的产出贡献率（％）	纺织服装加工贸易出口总额（亿美元）
1995	10 247.69	1 091.84	3 860.50	6.8％	10.6％	131
1996	8 369.99	1 216.43	3 638.54	6.7％	10.0％	134
1997	8 669.03	1 215.36	3 357.40	6.4％	9.5％	136
1998	8 401.36	1 349.25	2 817.12	5.7％	9.4％	182
1999	7 566.23	1 472.81	2 814.22	5.8％	9.0％	187
2000	8 169.02	1 597.34	3 362.80	6.2％	8.5％	205
2001	8 016.04	1 788.50	3 530.84	5.9％	8.5％	201
2002	9 092.29	1 994.05	3 888.55	5.8％	8.5％	202
2003	11 851.09	2 289.66	4 373.10	6.3％	8.8％	135
2004	14 045.10	2 428.04	5 389.16	6.7％	10.7％	244
2005	15 973.67	3 025.53	5 858.75	7.0％	10.8％	261
2006	18 255.27	3 912.34	6 770.27	6.8％	10.2％	292
2007	18 796.50	4 942.83	7 239.74	7.1％	10.2％	311
2008	16 469.86	6 271.91	7 121.72	6.7％	9.7％	307
2009	14 348.23	6 699.12	6 964.09	6.4％	9.5％	265
变量	X_6	X_7	X_8	X_9	X_{10}	X_{11}
	纺织服装一般贸易出口总额（亿美元）	纺织服装出口额（亿美元）	纺织服装进口额（亿美元）	纺织服装贸易竞争力指数	纺织服装业国内环境规制强度系数	实际人均GDP（元）
1995	109	386.04	117.05	0.535	−0.751 65	2 765.442
1996	125	348.64	115.85	0.501	−1.035 96	3 007.733
1997	147	414.36	115.54	0.564	−0.889 55	3 251.58
1998	201	390.38	104.60	0.577	−0.839 54	3 474.39
1999	209	401.91	109.06	0.573	−0.705 10	3 708.663

续表

变量	X_6	X_7	X_8	X_9	X_{10}	X_{11}
	纺织服装一般贸易出口总额（亿美元）	纺织服装出口额（亿美元）	纺织服装进口额（亿美元）	纺织服装贸易竞争力指数	纺织服装业国内环境规制强度系数	实际人均GDP（元）
2000	265	485.72	124.85	0.591	−0.546 19	3 990.987
2001	276	492.37	122.21	0.602	−0.398 79	4 292.314
2002	353	573.17	126.32	0.639	−0.236 55	4 652.037
2003	484	722.00	133.73	0.687	−0.299 34	5 087.764
2004	556	839.18	137.88	0.718	−0.025 42	5 568.078
2005	681	993.43	137.46	0.757	0.270 69	6 161.426
2006	867	1 220.17	143.32	0.790	0.758 92	6 905.933
2007	991	1 383.46	142.25	0.814	1.128 00	7 843.344
2008	972	1 405.15	133.87	0.826	1.392 39	8 555.447
2009	921	1 277.42	121.28	0.827	1.946 60	9 297.183

7.4 建模及结果分析

7.4.1 模型形式

通过散点图及已有研究的分析，考虑建立指数模型。

随机模型方程形式如下：

$$LNY = c + \beta_1 X_1 + \beta_2 X_2 + \beta_3 X_3 + \beta_4 X_4 + \beta_5 X_5 + \beta_6 X_6 + \beta_7 X_7 + \beta_8 X_8 + \beta_9 X_9 + \beta_{10} X_{10} + \beta_{11} X_{11} + \mu$$

其中，Y 为纺织服装业出口贸易隐含碳，X_1 为纺织服装行业总产出，X_2 为纺织服装行业能源消耗总量，X_3 为化学工业对纺织服装业的产出贡献率，X_4 为农林牧渔业对纺织服装业的产出贡献率，X_5 为纺织服装加工贸易出口总额，X_6 为纺织服装一般贸易出口总额，X_7 为纺织服装出口额，X_8 为纺织服装进口额，X_9 为纺织服装贸易竞争力指数，X_{10} 为纺织服务业国内环境规制强度，X_{11} 为实际人均 GDP。

7.4.2 模型结果

在模型拟合过程中，诊断出若干变量之间存在多重共线性，部分变量显著性较差，没有通过检验，经过多轮的拟合，最终得到拟合较好的模型结果如表 7-3 所示。

表 7-3 估计结果

Dependent Variable：LOG（Y）
Method：Least Squares
Date：04/07/16　Time：08：59
Sample：1995 2009
Included observations：15

Variable	Coefficient	Std. Error	t-Statistic	Prob.
C	7.646 501	0.207 873	36.784 53	0.000 0
X_2	0.000 121	6.52E−05	1.859 612	0.092 6
X_4	7.505 435	3.676 261	2.041 595	0.068 5
X_6	0.000 812	0.000 266	3.048 783	0.012 3
X_{10}	−0.199 150	0.068 711	−2.898 379	0.015 9
R-squared	0.977 133	Mean dependent var		9.330 535
Adjusted R-squared	0.967 986	S.D. dependent var		0.332 345
S.E. of regression	0.059 465	Akaike info criterion		−2.545 654
Sum squared resid	0.035 361	Schwarz criterion		−2.309 637
Log likelihood	24.092 41	Hannan-Quinn criter.		−2.548 168
F-statistic	106.8257	Durbin-Watson stat		2.304 557
Prob (F-statistic)	0.000 000			

从模型结果可以看到，回归后模型调整后的决定系数 $R^2=0.967\,986$，逐步回归后的模型保持了回归方程高度的显著性，模型在整体上拟合得非常好。上述回归方程也通过异方差、序列相关检验。

得到逐步回归所得的指数模型为

$$\ln Y = 7.65 + 0.000\,1X_2 + 7.5X_4 + 0.000\,8X_6 - 0.199X_{10}$$

7.4.3 结论分析

从上述回归结果可以得出以下 5 点结论。

1) 模型的整体拟合优度较好。回归结果显示，X_2、X_4、X_6、X_{10} 四个变量所对应的 P 值很低，拒绝零假设的理由很充分，参数通过检验，具有统计显著性。

结果表明，纺织服装能源消耗总量、农林牧渔业对纺织服装业的产出贡献率、纺织服装一般贸易出口额和纺织服装行业国内环境规制强度 4 个变量联合解释了纺织服装出口贸易隐含碳 96.8% 的变异。

2) 纺织服装能源消耗的回归系数为 0.000 1，为正值，与理论假定的预期结果一致。相应的伴随概率 P 值为 0.09，表明该变量是纺织服装出口贸易隐含碳的重要显著性影响因素，因变量和自变量之间存在正向影响关系。即在其他条件不变的情况下，纺织服装能源消耗的增加会导致出口贸易隐含碳排放的增加；回归系数表明，我国纺织服装能源消耗每增加 1 万吨标准煤，其出口贸易隐含碳排放量将增加 0.01%。这主要是由中国的能源结构决定的。中国主要能源结构以煤炭、石油为主，新型清洁能源如太阳能、风能、热能利用较少，能源利用结构在很大程度上影响了能源的利用效率。

模型中，纺织服装行业能源消耗变量统计显著，而纺织服装产业总产出变量没有通过检验，鉴于能源结构特点，纺织服装产出增加势必会带来能源消耗的增加，因此，我们可以推理出产业总产出对出口贸易隐含碳是一种潜在的正向影响关系。由于产出和能源消耗存在这种相关关系，所以模型中存在多重共线，最终判断为能源消耗变量是显著的影响因素。未来在发展低碳经济的背景下，我们要在能源消耗方面达到减排目标的话，需要提高能源利用效率，大力开发利用新型清洁能源，以减少对传统高碳排放的能源依赖。

3) 纺织服装产业发展过程中，农林牧渔业和化学工业是其两大贡献度最高的行业。模型结果显示，农林牧渔业对纺织服装业的产出贡献率变量的回归系数为 7.5，为正值，与理论假定的预期结果一致。相应的伴随概率 P 值为 0.07，表明该变量是纺织服装出口贸易隐含碳的重要显著性影响因素，因变量和自变量之间存在正向影响关系。即在其他条件不变的情况下，农林牧渔业对纺织服装业的产出贡献率的增加会导致出口贸易隐含碳排放的增加；回归系数表明，农林牧渔业对纺织服装业的产出贡献率每增加 1 单位，其出口贸易隐含碳排放量将增加 750%。

在考虑纺织服装产业中相关行业投入的影响时，化学工业部门的变量没有通过检验。农林牧渔业部门的投入变量则有着显著的正向影响。这表明纺织服装在生产过程和出口贸易中，消耗的农林牧渔业部门产品增多，其出口贸易的碳排放量会成倍增长，说明农林牧渔业部门的投入不利于纺织服装的贸易减排，若要达到节能减排目标，则应减少农林牧渔业部门对纺织服装产业的投入，或者首先做到农林牧渔业部门的碳减排。

4) 纺织服装一般贸易出口额变量的回归系数为 0.000 8，为正值，与理论假定的预期结果一致。相应的伴随概率 P 值为 0.01，表明该变量是纺织服装出口贸易隐含碳的重要显著性影响因素，因变量和自变量之间存在正向影响关系。即在其他条件不变的情况下，纺织服装一般贸易的出口贸易增加会导致出口贸易隐含碳排放的增加；回归系数表明，我国纺织服装一般贸易出口贸易每增加 1 亿美元，其出口贸易隐含碳排放量将增加 0.08%。

这一结果表达了两个含义，一是纺织服装出口贸易的增加导致了出口贸易隐含碳的增加。这表明中国纺织服装的出口方式是粗放型的，间接表明了中国纺织服装部门成为其他国家碳转移排放的对象，中国成为纺织服装行业的污染避风港。如果要从贸易方面达到减排的目标，我们需要调整出口产品结构，增加出口产品的附加值，减少出口产品的能耗。二是出口贸易的一般贸易对贸易隐含碳的影响显著，而加工贸易不是显著影响变量。纺织服装加工贸易对贸易隐含碳的影响并没有像我们原本预期的那样影响更为显著。究其原因，是因为纺织服装加工贸易出口额所占纺织服装贸易出口额的比重远远小于一般贸易出口额占总贸易出口额比重，所以，纺织服装加工贸易所带来的影响较小。

5) 国内环境规制变量的回归系数为 −0.199，为负值，与理论假定的预期结果一致。相应的伴随概率 P 值为 0.02，表明该变量是纺织服装出口贸易隐含碳的重要显著性影响因素，因变量和自变量之间存在反向影响关系。即在其他条件不变的情况下，纺织服装行业国内环境规制强度增加会导致出口贸易隐含碳排放的减少；回归系数表明，我国纺织服装行业国内环境规制强度系数每增加 1 单位，其出口贸易隐含碳排放量将减少 19.9%。

环境规制强度变量显著，究其原因，一国国内环境规制的严格化会显著增加国内污染密集产业的成本，从而导致出口贸易萎缩，进而使得出口贸易隐含碳排放减少。

8 纺织业贸易隐含碳增长驱动因素分解

8.1 AHP 层次分析方法的应用

通过前面章节分析发现我国的纺织业贸易隐含碳处于不断增长的过程中，由于目前大部分学者采用了结构分解方法分解了影响我国进出口贸易隐含碳增长的驱动因素，而本章是针对一个纺织行业进行分析，通过发放专家调查问卷，以及结合大多数学者的研究成果，认为可以通过 AHP 层析分析方法对纺织业贸易隐含碳增长的驱动因素进行研究。

8.1.1 AHP 层次分析方法

(1) 德尔菲分析法

德尔菲分析法对于影响因素分析具有一定的应用价值，因而使用德尔菲分析法进行驱动因素分解的问题的分析能够以一对一的形式进行有效传达，并能够得到专业的意见，将相关的意见进行归总和整理整合，就能够实现最初的意见反馈，再进行详细的意见垂询，让最初的意见得到修补和完善，最终得到较为完整且具有全面性、针对性的专家意见。

(2) 基于 AHP 的层次分析法

基于 AHP 的层次分析法主要是将问题进行逐步展开，进而得到详细的问题分层，再进行有组织的分解和重建，获得多层次的系统体系，同时对系统进行分解和处理，再把问题进行逐步分层，使得最为细小的基层因子得到分析和管理。

基于 AHP 的层次分析法主要包含了三个层次，即问题的目标层、准则层和方案层。目标层里面具有单项内容，一般是对于问题的最优结果；准则层累计了终极目标的所有实现因素，是解决问题的中间步骤，在这里进行基层因子的重新构建和细分，能够再次分为基本准则层以及下属的准则层（见图 8-1）。

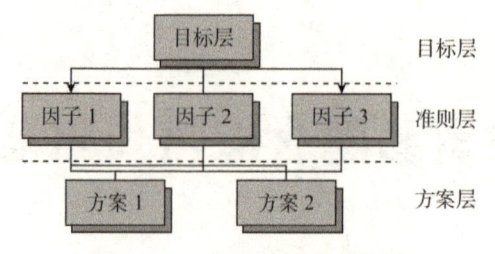

图 8-1　AHP 层析分析结构图

8.1.2　驱动因素 AHP 问卷调研流程

隐含碳增长的原因是由若干个驱动因素组成。例如，进出口贸易整体层面包含直接碳排放强度、中间生产技术、消费扩张效应、投资扩张效应等要素，通过 6 个层级采用层次分析法（AHP）确定各要素的权重，再确定驱动因素的权重，从而得出哪些驱动因素会更加影响到隐含碳的增长，从而制定合理的方针和对策。本研究运用德尔菲分析法，组建调研工作组，设计专家调研表，选择对贸易隐含碳专业研究的专家对存在的驱动因素进行分类并对重要度的识别进行调研，通过三轮征询意见和结果整合汇总，最后输出较为一致的意见，形成驱动因素选择的初步架构。其调研流程如图 8-2 所示。

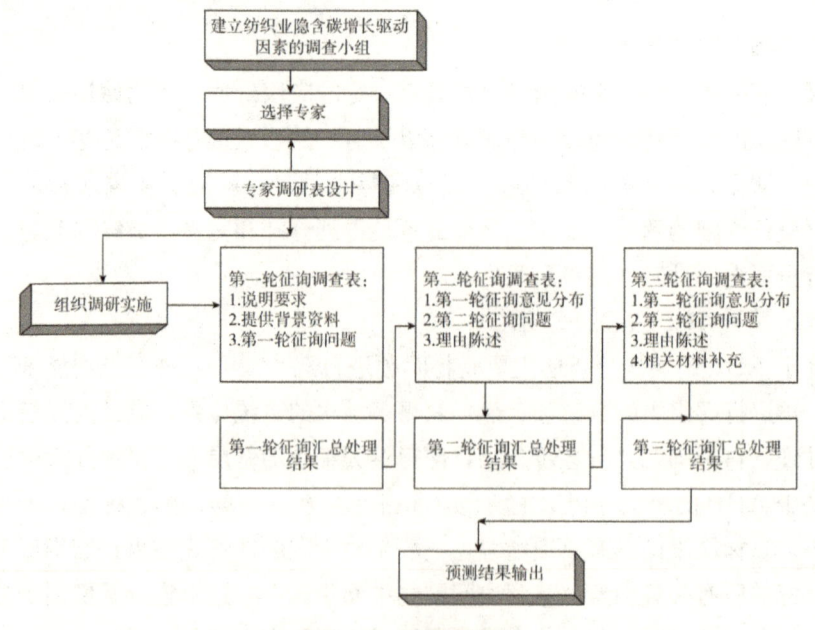

图 8-2　调研流程图

8.1.3 隐含碳增长驱动因素的选择

本次研究运用AHP分析法对隐含碳增长驱动因素之间的重要等级关系，划分为9个维度进行评价，并通过10位权威业内专家对指标进行量化评分。排序分为0~9个维度，其含义如表8-1所示。

表8-1　AHP分析排序含义表

尺度	含义
1	第 i 个因素与第 j 个因素同样重要
3	第 i 个因素比第 j 个因素重要性稍强
5	第 i 个因素比第 j 个因素重要性强
7	第 i 个因素比第 j 个因素重要性较强
9	第 i 个因素比第 j 个因素重要性极强

2、4、6、8表示第 i 个因素与第 j 个因素的重要性介于上述两个邻近等级之间。在AHP分析中构建的各要素之间存在着层次关系，并针对同一层次因子之间进行权重判定，通过将两者之间进行重要程度比较，构建判断矩阵。确定判断矩阵的数值是通过运用德尔菲调研法或者专家访谈法等反复研究，对其进行矩阵判断赋值。

对判断矩阵因子层的元素的积进行计算：$M_i = \prod\limits_{j=1}^{n} F_{ij}$，$i=1, 2, 3, \cdots, n$；计算各行 M_i 的 n 次方根值：$\overline{w_i} = \sqrt[n]{M}$，$i=1, 2, 3, \cdots, n$，$n$ 为 F 矩阵阶数；将向量 $\overline{w} = (\overline{w_1}, \overline{w_2}, \cdots, \overline{w_n})^T$ 进行归一化：

$$w_i = \frac{\overline{w_i}}{\sum\limits_{j=1}^{n} \overline{w_i}}$$

w_i 即为所求的各指标的权重系数值，$\overline{w} = (\overline{w_1}, \overline{w_2}, \cdots, \overline{w_n})^T$ 即为所求的特征向量；计算判断矩阵子因子层的最大特征根 $\lambda_{\max}$：

$$\lambda_{\max} = \sum_{i=1}^{n} \frac{(F\overline{w})_i}{n\overline{w_i}} = \sum_{i=1}^{n} \frac{(Fw)_i}{nw_i}$$

式中 $(F_w)_i$ 表示向量 F_w 的第 i 元素。并对该数据进行一致性检验，确定权重系数，进行一致性检验，使研究结果逻辑保持一致，若子因子层具有完全一致性，则 $\lambda_{\max} = n$；否则 $\lambda_{\max} \neq n$。判断矩阵 F 的一致性指标为

$$CI=(\lambda_{\max}-n)/(n-1)$$

通过将因素层级的相对权重进行判定,并通过具体数值进行量化,使其形成分析矩阵,继而将其命名为判断矩阵。本研究针对纺织业贸易隐含碳所涉及的驱动因素进行权重分析。通过对 10 位权威业内专家进行调查,同时结合杜运苏、张为付（2012）[1],叶卫美（2015）[2],范丽伟（2014）[3] 等学者提出了影响中国出口贸易隐含碳排放增长的驱动因素,将驱动因素选择的原则基于在对外贸易过程中需要遵守不同国家的环境标准,由于我国每个行业的产业结构、经济发展、贸易分工以及保护环境的力度等存在较大差异,通过对各个影响因素进行分解分析,梳理了各个影响因素的影响机制,而且计算了各个影响因素的所占权重,在一定程度上为中国纺织业对外贸易中隐含碳的减排提供了相应的对策建议。

本研究选取了 6 个一级驱动因素进行分析,分别为进出口贸易整体层面、出口贸易部门层面、进口贸易部门层面、能源消费层面、贸易伙伴层面、纺织业产业层面。其中,进出口贸易整体层面包含的二级驱动因素为直接碳排放强度、中间生产技术、消费扩张效应、投资扩张效应等。出口贸易部门层面主要为效率效应、技术效应、规模效应、结构效应等,进口贸易部门层面主要为效率效应、技术效应、规模效应、结构效应、进口替代效应等。能源消费层面主要为能源消费结构变动效应、能源消费强度变动效应等,贸易伙伴层面主要为欧盟、美国、日本、韩国、东盟等。纺织业产业层面主要为服装业、家用纺织品、产业用纺织品等。建立 AHP 模型分析表格如表 8-2 所示。

表 8-2　驱动因素信息表

驱动因素分解目标	一级因子	二级因子
纺织业贸易隐含碳增长	进口贸易部门层面 A_1	直接碳排放强度 B_{11}
		中间生产技术 B_{12}
		消费扩张效应 B_{13}
		投资扩张效应 B_{14}

---

[1]　杜运苏、张为付. 中国出口贸易隐含碳排放增长及其驱动因素研究 [J]. 国际贸易问题,2012 (3):97-107.
[2]　叶卫美. 基于投入产出法的隐含碳的测算及驱动因素研究 [D]. 南京:南京信息工程大学,2015.
[3]　范丽伟、潘晨、赵锡波. 出口贸易隐含碳变化驱动因素分析模型及应用 [J]. 北京理工大学学报:社会科学版,2014,16 (6).

续表

一级因子	二级因子
进口贸易部门层面 A_2	效率效应 B_{21}
	技术效应 B_{22}
	规模效应 B_{23}
	结构效应 B_{24}
	进口替代效应 B_{25}
出口贸易部门层面 A_3	效率效应 B_{31}
	技术效应 B_{32}
	规模效应 B_{33}
	结构效应 B_{34}
能源消费层面 A_4	能源消费结构变动效应 B_{41}
	能源消费强度变动效应 B_{42}
贸易伙伴层面 A_5	欧盟 B_{51}
	美国 B_{52}
	日本 B_{53}
	韩国 B_{54}
	东盟 B_{55}
纺织业产业层面 A_6	服装业 B_{61}
	家用纺织品 B_{62}
	产业用纺织品 B_{63}

（表格左侧合并列：纺织业贸易隐含碳增长驱动因素分解目标）

根据纺织业贸易的特点，对其隐含碳增长驱动因素进行详细阐述如下。

（1）进出口贸易整体层面

直接碳排放强度是指纺织业在进出口贸易过程中，每单位纺织业进出口贸易总值的增长所带来的二氧化碳排放量。该指标主要是用来衡量纺织业贸易总量与碳排放量之间的关系，如果纺织业贸易总量增长的同时，每单位纺织业贸易总值所带来的二氧化碳排放量在下降，那么说明纺织业贸易经济实现了一个低碳的发展模式。

中间生产技术引用了李艳梅、付加锋（2010）在测算出 1997—2007 年中国出口隐含碳的基础上，将影响其排放变化的因素分解为直接碳排放强度、中间生产技术、出口总量、出口结构四种效应,结果表明,四个因素的贡献值分别为－638.95 Mt、132.41 Mt、1 266.38 Mt 和－109.77 Mt,其中,出口总量和中间生产技术因素对出口贸易隐含碳排放增加起到正向促进作用。中间生产技术借鉴了 Dietzenbacher 和 Los（1998）提出的计算方法,考虑了纺织业的加工贸易过程中间投入的产品[①]。

消费扩张效应和投资扩张效应根据投入产出表平衡的关系,由纺织业经济规模变化分解得出,消费扩张效应是指国内纺织品消费量扩大,从而导致了贸易过程中的隐含碳的排放量增加的现状。投资扩张效应是指随着贸易规模的扩大,导致纺织业贸易的规模效益,并带来产业集聚效果。

（2）出口贸易部门层面

出口贸易部门层面是指纺织业部门的出口贸易对隐含碳排放的影响,其中出口贸易涉及效率效应、技术效应、规模效应、结构效应等,本文借鉴了翟婷婷（2013）[②] 提出的规模效应是推动中国对澳出口隐含碳增加的主要因素,效率效应与规模效应的作用相反。

（3）进口贸易部门层面

进口贸易与出口贸易部门层面的二级驱动因素类型,其中进口替代效应是指纺织品商品贸易价格的变化会引起纺织品的需求量的变化。本书借鉴了范丽伟、潘晨、赵锡波（2014）[③] 提出的进口替代效应对纺织业贸易隐含碳增长存在反向作用。

（4）能源消费层面

如果能源消费结构不合理,会制约纺织业的工业以及经济发展,能源消费结构效应是指能源消费量与贸易经济产出量之比,是反映能源消费层面的指标。

能源消费强度变动效益也称能源消费强度（Energy Intensity）,是指能源消耗量与贸易经济产出量之比,是反映能源经济效率的一个主要指标。

（5）贸易伙伴层面

本研究选择贸易伙伴层面的影响因素是借鉴夏蓉（2010）提出以投入产出法为基础构建模型,实证研究结果表明,具有较大贸易顺差、出口加工贸易产品为

---

① 张友国. 中国贸易含碳量及其影响因素——基于（进口）非竞争型投入——产出表的分析. 经济学季刊, 2010（4）.
② 翟婷婷. 中澳贸易隐含碳排放的测算及因素分解 [D]. 广州：暨南大学, 2013.
③ 范丽伟, 潘晨, 赵锡波. 出口贸易隐含碳变化驱动因素分析模型及应用 [J]. 北京理工大学学报：社会科学版, 2014, 16（6）.

主的国家，通过国际贸易的方式向其他贸易伙伴国排放了大量的二氧化碳。因此说明贸易伙伴不同，导致隐含碳的排放存在变化，因此本书选择了我国进出口贸易伙伴最多的5个国家。

（6）纺织业产业层面

纺织业产业不同，同样影响着贸易隐含碳的排放。

通过对驱动因素的分析和描述，建立二级因子与一级因子之间的关系，并将建模图设计如图8-3所示。

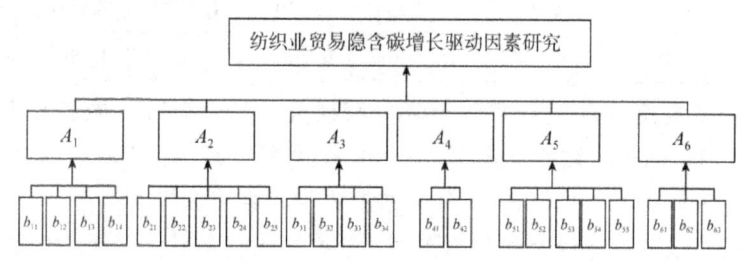

图8-3　AHP层析分析模型

8.2　综合分析过程

将指标体系代入YAAHP软件，操作过程为：①各层级重要性两两比较；②由判断矩阵计算比较元素的层次权重，进行一致性检验，当一致性比例低于0.1即矩阵具有一致性；③进行系统指标总排序。

纺织业贸易隐含碳增长驱动因素分解研究，判断矩阵一致性比例：CR=0.095 5<0.1，通过一致性检验，对总目标权重为1.000，λ_{max}=6.601 3。

通过专家意见，并从表8-3分析结果可知，贸易伙伴层面对于纺织业贸易隐含碳增长驱动影响所占的权重最大，其次是进出口贸易的整体层面，进口贸易层面和出口贸易层面所占的权重相当，能源消费层面与纺织业产业层面所占的权重较小。我国属于纺织业的贸易大国，近两年，我国的纺织业进口额呈稳定增长趋势，然而，我国的纺织业的出口额增长速度大于进口额的增长速度，因此出口贸易层面对纺织业贸易隐含碳的驱动程度比进口贸易层面对纺织业贸易隐含碳的驱动程度更大。

表8-3 一级驱动因素权重表

驱动因素研究	A_1	A_2	A_3	A_5	A_1	A_6	权重
A_1	1.000 0	3.000 0	2.000 0	3.000 0	1.000 0	2.000 0	0.251 2
A_2	0.333 3	1.000 0	2.000 0	3.000 0	0.333 3	1.500 0	0.139 2
A_3	0.500 0	0.500 0	1.000 0	3.000 0	0.333 3	1.500 0	0.118 4
A_4	0.333 3	0.333 3	0.333 3	1.000 0	0.200 0	2.000 0	0.071 9
A_5	1.000 0	3.000 0	3.000 0	5.000 0	1.000 0	7.000 0	0.346 8
A_6	0.500 0	0.666 7	0.666 7	0.500 0	0.142 9	1.000 0	0.072 5

纺织业贸易隐含碳增长驱动因素分解研究，判断矩阵一致性比例：CR=0.084 4<0.1，通过一致性检验，对总目标权重为0.251 2，λ_{max}=4.225 4。

通过专家意见，并从表8-4分析结果可知，直接碳排放强度对纺织业贸易隐含碳增长驱动因素有较大的驱动作用，其次所占权重较大的是中间生产技术，消费扩张效应所占的权重较小，投资扩张效应所占的权重最小。纺织业属于工业行业，需要通过大量的电力、燃气以及水进行生产，2001—2015年，工业行业的碳排放量属于较大的排放趋势，而纺织业在我国工业行业占有主导地位，直接碳排放强度也不断提升。而中间生产技术能够对碳排放起到减量的作用。

表8-4 进出口贸易整体层面的二级驱动因素权重比

A_1	B_{11}	B_{12}	B_{13}	B_{14}	权重
B_{11}	3.000 0	3.000 0	2.000 0	1.000 0	0.421 7
B_{12}	5.000 0	3.000 0	1.000 0	0.500 0	0.334 9
B_{13}	3.000 0	1.000 0	0.333 3	0.333 3	0.158 6
B_{14}	1.000 0	0.333 3	0.200 0	0.333 3	0.084 8

纺织业贸易隐含碳增长驱动因素分解研究，判断矩阵一致性比例：CR=0.043 3<0.1，通过一致性检验，对总目标权重为0.139 2，λ_{max}=5.194 0。

通过专家意见，并从表8-5分析结果可知，进口贸易部门层面中，所占权重之比，效率效应>技术效应>规模效应>结构效应>进口替代效应，由于效率效应属于进口贸易中排放碳的效率情况，因此是直接对隐含碳有一定影响，技术效应属于降低以及分解排放碳导致的环境污染的技术应用情况，与隐含碳增长存在直接联系。而结构效应主要与我国和其他国家的进口贸易结构存在关联，如果贸易结构较为合理，对隐含碳增长存在一定的负效应。如果能够实现进口替代效应，在一定程度上可以减少进口贸易隐含碳的增长幅度。如果进口贸易规模效应越大，导致进口贸易量增多，进而会促进进口贸易的隐含碳排放增加。

表8-5 进口贸易部门层面的二级驱动因素权重比

A_2	B_{21}	B_{22}	B_{23}	B_{24}	B_{25}	权重
B_{21}	5.000 0	7.000 0	5.000 0	3.000 0	1.000 0	0.485 8
B_{22}	5.000 0	5.000 0	3.000 0	1.000 0	0.333 3	0.265 3
B_{23}	3.000 0	3.000 0	1.000 0	0.333 3	0.200 0	0.131 4
B_{24}	1.000 0	1.000 0	0.333 3	0.200 0	0.142 9	0.055 7
B_{25}	1.000 0	1.000 0	0.333 3	0.200 0	0.200 0	0.061 8

纺织业贸易隐含碳增长驱动因素分解研究，判断矩阵一致性比例：CR=0.074 7<0.1，通过一致性检验，对总目标权重为0.118 4，$\lambda_{\max}=4.199\ 3$。

通过专家意见，并从表8-6分析结果可知，进口贸易部门层面和出口贸易部门层面中的二级驱动因素所占的权重情况大体相同，效率效应＞技术效应＞规模效应＞结构效应。

表8-6 出口贸易部门层面的二级驱动因素权重比

A_3	B_{31}	B_{32}	B_{33}	B_{34}	权重
B_{31}	3.000 0	5.000 0	5.000 0	1.000 0	0.559 3
B_{32}	2.000 0	3.000 0	1.000 0	0.200 0	0.124 7
B_{33}	1.000 0	1.000 0	0.333 3	0.200 0	0.162 5
B_{34}	1.000 0	1.000 0	0.500 0	0.333 3	0.336 5

纺织业贸易隐含碳增长驱动因素分解研究，判断矩阵一致性比例：CR=0.000 0<0.1，通过一致性检验，对总目标权重为0.071 9，$\lambda_{\max}=2.000\ 0$。

通过专家意见，并从表8-7分析结果可知，二级驱动因素中，能源消费结构变动效应所占权重大于能源消费强度变动效应，主要由于纺织业在生产过程中对于能源消费结构安排不合理，会增加隐含碳的排放情况，我国属于煤炭消费为主的国家，由于煤炭能源消费成本低，因此，为了适应纺织业出口量，从而需要大力生产纺织品，导致能源消费结构不合理，从而更容易驱动隐含碳的增长。

表8-7 能源消费层面的二级驱动因素权重比

A_4	B_{41}	B_{42}	权重
B_{41}	3.000 0	1.000 0	0.750 0
B_{42}	1.000 0	0.333 3	0.250 0

纺织业贸易隐含碳增长驱动因素分解研究，判断矩阵一致性比例：CR=0.049 5＜0.1，通过一致性检验，对总目标权重为0.346 8，λ_{max}=5.221 8。

通过专家意见，并从表8-8分析结果可知，二级驱动因素中，美国和欧盟对隐含碳增长的驱动权重所占最多，主要因为，近几年，我国的纺织品出口贸易国家中出口量最多的为美国，其次是欧盟国家，从而导致了这些国家纺织业贸易隐含碳所占比重较多。

表8-8 贸易伙伴层面的二级驱动因素权重比

A_5	B_{51}	B_{52}	B_{53}	B_{54}	B_{55}	权重
B_{51}	5.000 0	7.000 0	3.000 0	1.000 0	0.333 3	0.274 4
B_{52}	7.000 0	9.000 0	3.000 0	3.000 0	1.000 0	0.469 8
B_{53}	0.333 3	1.000 0	1.000 0	0.750 0	0.750 0	0.152 3
B_{54}	0.333 3	1.000 0	1.000 0	0.750 0	0.750 0	0.035 1
B_{55}	1.500 0	2.500 0	1.333 3	1.000 0	1.000 0	0.068 5

纺织业贸易隐含碳增长驱动因素分解研究，判断矩阵一致性比例：CR=0.037 2＜0.1，通过一致性检验，对总目标权重为0.072 5，λ_{max}=3.038 7。

通过专家意见，并从表8-9分析结果可知，二级驱动因素中，服装业对于纺织业的贸易隐含碳增长为主要驱动因素，纺织品服装是我国传统劳动密集型出口产业，一直以来在我国纺织业出口贸易中占很大比重，其次为家用纺织品，所占比重为第二。

表8-9 贸易伙伴层面的二级驱动因素权重比

A_6	B_{61}	B_{62}	B_{63}	权重
B_{61}	5.000 0	3.000 0	1.000 0	0.633 3
B_{62}	3.000 0	1.000 0	0.333 3	0.260 5
B_{63}	1.000 0	0.333 3	0.200 0	0.106 2

综述所述，得出专家对纺织业贸易隐含碳增长驱动的因素所占的权重比如表8-10所示。

表8-10 驱动因素结果分析

一级因子	权重	二级因子	权重
进出口贸易整体层面 A_1	0.251 2	直接碳排放强度 B_{11}	0.105 9
		中间生产技术 B_{12}	0.084 1
		消费扩张效应 B_{13}	0.039 8
		投资扩张效应 B_{14}	0.021 3
出口贸易部门层面 A_2	0.139 2	效率效应 B21	0.067 6
		技术效应 B22	0.036 9
		规模效应 B23	0.018 3
		结构效应 B24	0.007 8
		进口替代效应 B25	0.008 6
进口贸易部门层面 A_3	0.118 4	效率效应 B31	0.066 2
		技术效应 B32	0.014 7
		规模效应 B33	0.019 2
		结构效应 B34	0.039 8
能源消费层面 A_4	0.071 9	能源消费结构变动效应 B41	0.053 9
		能源消费强度变动效应 B42	0.017 9
贸易伙伴的层面 A_5	0.346 8	欧盟 B51	0.095 1
		美国 B52	0.162 9
		日本 B53	0.052 8
		韩国 B54	0.012 2
		东盟 B55	0.023 7
纺织业产业层面 A6	0.072 5	服装业 B61	0.045 9
		家用纺织品 B62	0.018 9
		产业用纺织品 B63	0.007 7

(纺织业贸易隐含碳增长驱动因素分解目标)

8.3 对策和建议

基于纺织业进出口贸易隐含碳测算的结果和影响因素分析的结论,我国需要结合纺织业贸易和环境发展的具体情况，做出适当的政策和发展调整，从进出口贸易的角度转变发展模式，提升纺织业的经济和综合竞争力，同时也加强保护环境，降低碳的排放量。因此根据权重结果提出以下几点建议：

8.3.1 加强节能减排和资源循环利用

中国纺织品作为传统行业，其生产能源以煤炭为主。显而易见，单位热量煤的碳排放要高于石油、天然气等，这是导致中国高碳排放强度的重要因素。而解决这一问题的重点并不是是否要使用煤炭，因为中国目前仍处于工业化的进程中，应该考虑到效率与环保这两个问题。因此并不是不要工业化，而是找到替代的能源、技术和方法。未来节能减排为纺织行业主要发展方向，实现纺织行业可持续发展，其中节能减排是必然途径。特别是在行业发展增速下降、出口形势严峻等情况下，节能减排成为行业发展的突破口。

中国纺织行业作为国家低碳发展规划中的重要行业，必须加速与低碳时代接轨。首先需要提高企业发展低碳经济的能力，尤其是碳排放的评估、监测体系和相应的信息系统的建设。目前，中国有针对中央企业节能减排监督管理暂行办法（国资委令第23号），应借鉴此法令，制定针对具体部门行业的节能减排政策。要完善企业能源的计量管理，建立纺织行业能源监控机构，审核重点污染行业的清洁生产，评估企业可持续发展能力，评选优秀绿色节能企业。

我国在纺织行业低碳管理监督方面，针对不同城市的碳排放主要单位，通过能耗数据申报、用能在线监测、碳排放核算等手段，摸清碳排放"家底"，并对碳排放进行动态长期管理，在此基础上，对高排放单位进行有效管理，同时构建以驱动因素为主的评价体系，从而从根本上降低纺织业在贸易过程中隐含碳的增长。

8.3.2 建立纺织品回收再利用体系

中国将推动再生资源利用产业化列为《"十二五"循环经济发展规划》中的重要任务。在"十二五"期间重点开发和推广低成本纺织制品的回收和再利用，并且要求2015年再生纤维占全国纤维加工总量的15%左右，因此废旧纺织品回收也成为"城市矿山"的重要组成部分。

发达国家的纺织材料的循环再利用高达17%，已经形成了成熟的废旧纺织品的回收再利用系统，逐渐发展成为投资少、效益高的新型产业。废旧纺织品的回收再利用既缓解了行业的资源短缺，也减轻了对环境的压力。中国可以借鉴国外成熟的回收再利用经验，引进先进技术，不断创新进取，发展成为具有中国特色的纺织品回收再利用体系。

首先应制定相关政策和标准，建立针对纺织品的回收再利用循环体系，并设立纺织品回收再利用的监控和管理部门。其次做好纺织品回收再利用的规划和具体流程，对于见效快、成本低的回收技术要进行推广和普及，评选出优秀的回收再利用企业，以起到示范和教育的作用。

8.3.3 优化两国进出口贸易结构

随着我国贸易的不断发展壮大，国际贸易壁垒也频频出现，影响到国内经济的可持续发展。因此，在经济增长和节能减排的双重压力下，只有优化进口和出口商品结构，降低隐含碳排放，才能实现经济健康快速可持续发展。而且，在全球变暖的气候问题不断升级的大背景下，降低进出口含碳量具有划时代的战略意义。

一方面，敦促国内企业积极进行节约能源减少纺织业工业生产时的碳排放量，同时进行与碳排放相关新技术的引进与创新工作。另一方面，能够更加充分地面对发达国家征收碳税引起的贸易壁垒，以上种种无疑对减缓碳减排压力和减少经济损失，促进经济健康稳定发展具有极大的积极作用。

中国对外贸易中隐含碳排放失衡呈现较高的行业集中度，纺织业属于隐含碳排放量较多的行业之一，同时服装业在纺织业中占有较大的权重，这表明降低中国对外贸易中隐含碳排放量并减轻失衡度，需以上述重点行业为抓手，调整相关贸易政策，尤其要控制净出口隐含碳行业的规模效应和结构效益，减少贸易顺差，并配套有力的科技和产业政策。

首先，为了实现出口结构升级，促进出口贸易向知识和技术密集型转变，一方面要促进低碳行业的出口竞争力，增加低碳产品和环保产品的出口数量，另一方面要对高碳产业则进行专项技术研发补贴，从而更加有针对性地、有效地改变出口结构比例。针对附加值低、能耗和排放较高的产品，政府可以从多方面着手，如从生产源头上、坚持不懈地进行控制，通过对贸易政策进行调整，不断增加出口中高附加值、低能耗、环境友好型的高科技产品和服务业所占的比重。以税收问题为例，利用退税或是征收出口关税政策，对不同的行业采取差别性对待，从而实现鼓励低碳排放行业的产品出口，对碳排放较高行业的产品出口加以限制的目标。这样，在当前经济较稳定的发展趋势下，能够在一定程度上保证我国出口贸易发展的态势，乐观估计下甚至能够让规模得到提升的同时降低出口贸易活动产生的碳排放，实现我国出口贸易的可持续发展。

由于存在中间投入技术效应，且它对于纺织业进口出口部门技术的全面进步会产生很大的影响，因此，需要以部门的投入产出关系为基础，提高部门的中间投入效率，即将部门为获得单位产出而投入的中间物质和产品的消耗降到最低。其中，能源使用的节约十分重要，其他物质或者中间投入的节俭也会起到十分重要的作用，这对于中间投入技术进步具有显著的影响。因此，需要在全社会内加大人力资本的投入，从而起到替代物质资本和自然资本消耗的作用，具体来说，就是通过技术、组织、管理和服务等的深化和不断进步使得物质和能量获得充分的利用，从而使得生产和生活中的物质损耗、废气以及污染物排放减少和降低。利用不同的贸易两国在贸易上的互补性寻找环境与贸易利益的平衡，通过权重分析，可知我国需要与美国、欧盟、日本等国家作为贸易伙伴，在一些方面进行贸易互补性的利益平衡。中国在加工方面，如纺织、制鞋等方面占有优势，有巨大的加工能力，但是需要利用这些国家资源方面的技术科研水平，促使两国在经济上存在互补性，为纺织业贸易的持续增长提供良好的客观环境。

8.3.4 优化能源结构、加快低碳技术的研发与引进

效率效应对出口隐含碳的减排起到了不可忽视的作用，为了从根本上减少我国国内的碳排放，重中之重必须坚持优化能源使用结构，并不断加快清洁能源、低碳技术的自我创新和研发。在低碳技术的研发与引进方面，要充分利用国际项目的合作，如 CDM 机制，不仅要有技术的引进、吸收、推广，也要有再创新，不能只停留在引进消化，必须与自主创新相结合，走出一条具有中国特色的低碳经济发展之路。

第五部分

中国纺织产业贸易低碳化路径及对策建议

9 贸易低碳化路径设定

鉴于以上纺织产业贸易隐含碳驱动因素及层次因素分解分析结果，作者认为中国纺织产业贸易低碳化路径的核心要素包含四个要素：能源消耗、相关行业投入、出口贸易和环境政策规制。依据其影响关系，设定纺织服装行业贸易低碳化路径，如图9-1所示。

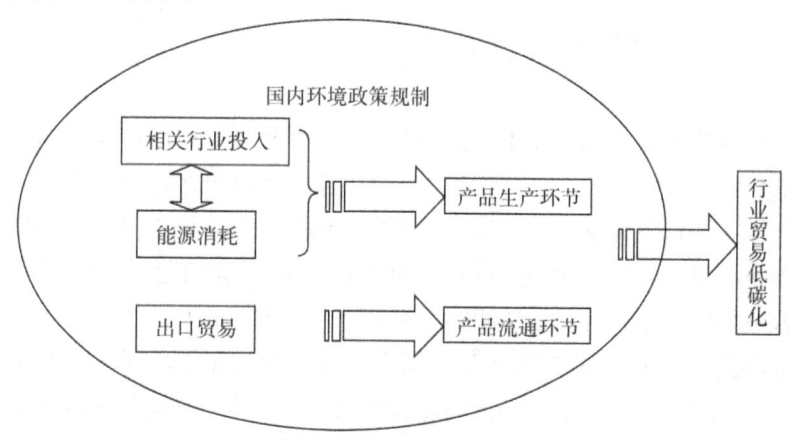

图9-1 行业贸易低碳化路径

如图9-1所示，纺织服装出口贸易低碳化发展，需要从产品生产环节和产品流通环节以及政府的政策导向共同入手。产品生产环节需要关注的是相关行业的投入，模型结果表明，需要主要考察农林牧渔业部门的投入减排问题；其次是纺织服装行业的能源消耗问题。产品流通环节，需要关注出口贸易量，模型结果表明，需要主要考察的是一般贸易情况。政府的政策导向，则需要重点考察的是政府有关行业环境领域的政策规制。

9.1 产品生产环节

目前，我国纺织服装产业完整的产业链如图9-2所示。

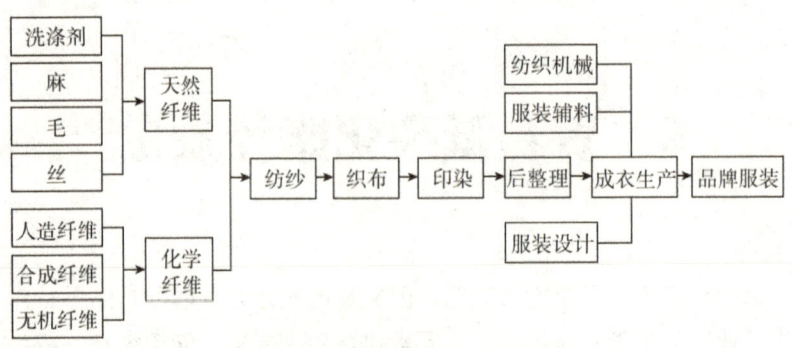

图 9-2 纺织服装产业链条图

数据来源：锦桥纺织网。

9.1.1 原材料的低碳化

原材料环节的低碳化主要集中在开发环保替代型原材料和产品。当前多种新型环保的植物纤维，如天丝、莫代尔、莱尔赛尔等木浆纤维、大豆纤维、玉米纤维、竹纤维、荷花茎纤维等已经成为服装面料的新来源，而生物纤维，如微生物茶纤维等也已研发问世。植物合成及生物合成纤维替代加工生产对环境危害较大的化学合成粘胶纤维，已成为纺织行业创新发展的重要趋势。伦敦中央圣马丁学院的设计师们，已于 2010 年上半年研制出一项独特的制衣材料生成技术。该项技术是在绿茶培养液中，借助细菌的发酵作用，培养出一种类似于纸张或蔬菜叶子的材质。这种细菌往往被用于将绿茶变成发酵饮料，当它们消化糖分时，可以促使绿茶溶液产生大量纤维丝。经过 2 至 3 个星期，这些纤维丝聚合在一起会形成纤薄、湿润的纤维片，该材质具有一定的韧性，干燥后不易撕碎。对这些纤维片进行再次处理和染色，能形成不同的质感和效果，可以用于制作衬衫、夹克，甚至鞋子。从外观上看，用这种材料制成的衣服感觉差了些，但是从环保角度来看，此种原材料的成衣无疑是当今最环保的。

目前有部分纺织服装业的领军品牌已经开始对原材料和面料进行低碳化处理。作为率先响应低碳服装消费的品牌之一，李宁可谓是碳减排的"环保先锋"。它与日本著名的纤维制造商帝人株式会社合作，使用环保的 ECOCIRCLE 面料推出了全系列的环保服装系列，有效减少了二氧化碳的排放量。ECOCIRCLE 能够大量减少垃圾的排放，可以抑制石油资源的使用，并减少废弃物的产生，在相同条件下，与石油制造出聚酯原料再焚烧相比，能量消耗量及二氧化碳排出量均可削减 80%；3 000 件服装通过 ECOCIRCLE 系统回收利用过程中降低的二氧化碳排放量相当于 228 棵杉木一年吸收二氧化碳的总量。

9.1.2 印染的低碳化

印染环节可以说是纺织产业链中污染最重的环节。据统计，中国纺织行业全过程能耗大致为 4.48 吨标准煤/吨纤维，其中印染行业能耗约为 2.84 吨标准煤/吨纤维，印染行业约占全行业能源消耗的 58.7%。按照 IPCC 提供的标准煤碳排放系数，印染行业碳排放系数约为 7.867 吨 CO_2/吨纤维。毋庸置疑，印染行业是降低碳排放、节约能耗的重点，是提高产品竞争力的关键。

为了降低能耗和污染，纺织行业针对印染环节研发了诸多节能减排技术，涂料印花、喷墨印花、数码印花等技术以及超临界 CO_2 染色工艺、生物酶处理技术等是先进的少污染、无污染、能耗低的新型印染工艺，都能有效减少碳排放。另外，粘胶及再生纤维、毛麻丝的前处理等加工制造环节也是节能减排工作需要重点关注的环节。

9.1.3 生产设备的低碳化

我国纺织服装行业应努力开发污染物治理的新技术和新设备，以最大限度减少污染。在生产环节，最重要且有效的是采取节能降耗措施，实施清洁生产。要对企业现有能耗大的设备进行技术改造，以实现节能低碳生产。如对服装企业的空调设备进行技术改造，取消普通的中央空调，换位水帘式通风系统，再利用冷却水与排风扇的共同作用，使空气对流增加，加速粉尘排放并实施有效降温，消除了原先空气不流通、耗电量大等弊病，不仅能够净化生产车间的环境，而且还可以大大节约能耗，同时也能大幅度地减少碳排放量。

在制衣设备的选择上，同样也可以做到节能减排。以杰克缝纫机为例，它自主研发了拥有知识产权的伺服节能电机。一台伺服节能电机一年可节约电费 400 元左右，而售价仅比离合电机多 300 元左右，也就是说，使用节能电机第 9 个月时，就可通过节约的电费收回成本。一台节能电机一年能给服装企业带来 400 元的效益，中国服装企业目前运行着大约 5 000 万台离合电机，如果这 5 000 万台都是节能电机，那就能给整个服装行业一年带来 200 亿元的效益。一台节能电机生产用的原材料仅相当于离合电机的十分之一，碳排放也只有机械离合电机的五分之一，如果全部取而代之，服装产业必将为全球的低碳经济做出巨大贡献。

9.1.4 依赖行业的低碳化

纺织服装行业应该减少对重度污染行业的依赖。在相关行业对纺织品出口贸易隐含碳的影响方面，以化学工业的影响最为突出，因此要达到纺织品减排的目的，需要减少对化学工业的依赖。

从隐含碳核算分析可以看到，在其他行业对纺织品碳排放影响效应中，中国纺织品十分依赖化学工业，而化学工业作为高污染高消耗的行业，对纺织品本身的碳排放有着明显的增排效应，若要达到纺织品减排的目标，则需要减少化学工业对其的投入。同时需调整产业结构，逐步降低纺织品在整个国民经济中的比重，推进产业和产品向微笑曲线的两端延伸：向前端延伸，从生态设计入手形成自主知识产权；向后端延伸，形成品牌与销售网络，提高核心竞争力，最终使国民经济的产业结构逐步趋向低碳经济的标准。

9.1.5 能源使用的低碳化

优化传统能源，发展新型能源。从行业各能源消耗量可以看到，中国纺织服装作为传统行业，其生产能源以煤炭为主，清洁能源利用率较低。显而易见，单位热量煤的碳排放要高于石油、天然气等，这是导致中国高碳排放强度的重要因素。而解决这一问题的重点并不是是否要使用煤炭，因为中国目前仍处于工业化的进程中，应该考虑到效率与环保这两个问题。因此并不是不要工业化，而是找到替代的能源、技术和方法。这就要求纺织品行业需要调整能源结构，发展清洁能源。

9.2 产品流通环节

9.2.1 贸易结构优化

从本书对纺织品贸易隐含碳的贸易效应分析可以看到，中国纺织品是高污染、高能耗产品，且以加工贸易为主，从 1995—2011 年中国纺织品行业分析可以看到，其行业规模不断扩大、出口贸易额迅速增长，这使中国成为发达国家的"污染避难所"。

从中国的纺织品贸易结构方面还可以看出，中国纺织品出口贸易以加工贸易为主，低端的加工环节不能获取高附加值，仅以量取胜，不仅消耗大量的劳动力和能源，而且严重污染了环境。这在很大程度上增加了中国碳减排压力和碳治理的成本，进而降低了中国进出口贸易竞争力。为此，中国可以制定措施优化工业品结构，不断提高出口产品的附加值，而且要鼓励企业自主创新，吸收国内外的优秀技术，改善产品结构，提高单位产品的生产效率和经营管理水平，从而提高出口产品的附加值。

面对低碳经济潮流，我国纺织品出口企业应当面对现实，迎接挑战，积极研发生产安全无害的生态友好技术用于改造传统的纺织行业，加速我国纺织行业的清洁化生产。在保持纺织产品出口适度增长的同时，更加重视优化出口结构、提高产品质量。面对"碳关税"的威胁与低碳经济时代的到来，纺织品出口企业应该把研发重点放在环保性强的绿色产品上，外贸出口产品类型更要注重产品环保性指标，严格把控环保技术研发和产品出口市场渠道，以免遭遇碳关税的压力与制裁。

9.2.2 低碳消费理念的深化

纺织服装企业要对绿色纺织的理念加以宣传。要加大对环保服装的宣传力度，让社会各界认识到服装污染对人体和环境的危害，提高消费者购买服装时的鉴别能力。例如，纺织服装企业需要制定有效的推广战略以及相应的公关宣传体系，以企业的品牌文化为中心，利用广告、电视、网络、秀场、店铺陈列以及教育等多种形式与渠道进行广泛宣传，让消费者充分了解产品附加值，以及对人类社会的贡献，通过乐于环保事业和时尚流行先驱人物来引导大众倡导绿色时尚文化，树立低碳、负责任的消费观念，从而带动企业的绿色竞争力。

9.2.3 回收环节的低碳化

对废旧纺织品的回收是实现回收环节低碳化的重点。被回收上来的废旧纺织品在经过分拣、消毒、处理等工序后，作为原材料或者纤维被再次投入生产，减少了新能源的使用，同时也避免了由于盲目焚烧造成的环境污染。

目前，国家纺织工业协会的环保及科研主管部门已开始对纺织面料的循环再利用问题立项进行调研。初步打算以聚酯材料为重点，以军装等特种制服为主要对象，开展回收加工、循环再利用的试点。行业内的个别企业在这方面已经走在了前头，如宁波有家生产涤纶短纤产品的企业，其主要原料就是人们丢弃的矿泉水瓶、可乐瓶等再生塑料，经过使用独立研发的废旧塑料一次性粉碎加工设备处理，那些废旧塑料瓶便可成为新的纺织原料或塑料制品原料，这是一个典型的变废为宝的资源再生回收利用的产业。

目前，废旧纺织品回收再利用方法主要有物理回收、化学回收和能量回收。

1) 物理回收是用机械辅助分解或粉碎纺织品，不破坏高聚物的化学结构，不改变其组成，通过将其收集、分类、净化、干燥、添加必要的助剂进行加工处理，然后重新用于织物的生产。物理回收常用于单组分的天然纤维或合成纤维，如废旧的毛纤维的回收和聚酯纤维的回收。但对于混纺纤维，因分类比较困难，使得其适用性相对较差。物理回收利用技术要求高，分类困难，前处理应用的机器设备多，成本高，回收工艺复杂。

2) 化学回收是用化学方法处理废旧纺织品，将天然纤维或化学纤维类的废旧纺织品中高分子聚合物解聚分解和重新聚合抽丝，得到单体，再利用这些单体制造新的纤维。化学回收不适用于天然纤维。因为天然纤维的成分复杂，几乎无法分类回收。而对于合成纤维，可采用化学回收，但化学回收工艺相当复杂，且要添加许多化学溶剂以及化学物质，使得回收成本相应提高而难于适用。

3) 能量回收是将废旧纺织品中热值较高的化学纤维通过焚烧转化为热量，用于火力发电，对于那些不能再循环利用的废旧纺织品适合采用此方法。

9.3 国内环境规制

9.3.1 环境规制政策循序渐进

环境规制政策的实施往往带来的直接影响就是给各企业带来了环境成本的巨大压力，很多企业在短时间内很难把这种成本给消化掉，最终只能以提高产品价格的方式来弥补，国际竞争力必然降低。因此，政府在制定政策的时候要把握时机，循序渐进，给纺织服装企业一定的空间和时间，去将环境成本转化成环境竞争力。

9.3.2 政策以资金支持为核心

环境规制政策的制定和严格化，使得企业需要大量资金用于"环境"要素。因此，政府在制定相关环境政策或产业政策时，需要重点考虑资金的支持。比如鼓励金融市场放低门槛提供相关纺织服装企业进行新能源开发、进行技术研发所需要的贷款，并且给出相应的优惠政策；规范并引导外商投资额的流向，鼓励资金流向使用先进环保技术和生产技术的服装企业，鼓励企业开发"绿色产品"。

总之，环境规制的严格化短期内对纺织服装出口贸易确实产生了负面效应，但从长远角度来看，随着我国环境标准的逐步完善，与国际标准靠拢，严格的环境规制得到很好的落实，产品将具备一定的国际环境竞争力，不受国际市场上绿色贸易壁垒的限制，这对出口贸易是有益的。所以纺织服装行业的可持续性发展，需要有政府严格完善的环境规制政策体系作支撑，更需要纺织服装企业环保和创新意识的增强。

10 对策建议

基于纺织产业贸易低碳路径的设定，本书从政府层面、行业层面及企业层面提出对策建议，涵盖了宏观、中观和微观3个视角。

10.1 政府层面

10.1.1 贸易口径的政策引导

(1) 适当调控贸易规模

从研究结果来看，目前影响中国纺织服装隐含碳排放最主要的因素，就是贸易规模。在完全碳排放系数不断降低的情况下，庞大的贸易规模仍然使得中国纺织服装出口隐含碳大幅增加。同时，中国高居不下的贸易顺差，引起了国际社会的不断指责，贸易摩擦频发。适当调控贸易规模，减缓出口规模，扩大进口规模，可以在改善贸易伙伴关系的基础上，降低给环境带来的消极影响。

(2) 转变贸易增长方式

在研究中我们发现，法国、意大利等时装大国并不承担大部分时尚产品的加工工作。他们牢牢占据了"微笑曲线"的两端，占据了产品附加值最重的设计和营销两个部分，并将产品附加值较低的加工环节，转移到中国、印度、越南等发展中国家，从而成了最终的受益者。

目前，中国已经意识到，过去粗放的加工贸易方式已经不适合可持续性发展，走上了转型之路。中国的纺织服装业目前处于转型的重要时期，应努力提高纺织服装产品的附加值，逐渐摆脱"世界工厂"头衔，向"时尚中心"看齐。要加快出口贸易从粗放的"走量"型增长方式向以质量为导向的"优质"型增长方式转变。

(3) 积极参与国际合作

低碳经济已逐渐成为不可逆转的国际潮流。部分发达国家为完成减排目标，不仅通过贸易方式向发展中国家转移污染排放，还积极寻求与发展中国家在清洁发展项目上的合作。中国应抓住这一契机，积极参与全球气候变化领域的合作，积极学习国外节能减排领域的先进技术。

(4) 低碳化理念的植入

从国家、省、市各级政府层面上确立纺织业贸易低碳化发展理念，尤其是纺织业出口量较大、纺织业较发达的东部沿海地区，彻底摒弃传统思维上一切以贸易规模为重点的旧观念。建立贸易低碳化发展评价体系，将低碳约束性评价指标纳入政府考核体系之中，切实推动贸易发展方式低碳化转型。

(5) 在国内出口端开征碳税

目前，从总体上来讲，我国纺织业贸易发展方式粗放、贸易结构不合理，正处于低碳模式转型的时期。然而若没有强制性的约束措施，低碳化调整、贸易低碳化发展就是一纸空谈，很少会有企业自发性地进行低碳化调整。因此，在国内适度开征碳税，将消耗传统燃料产生的外部负效应内部化，增加了高能耗、高排放企业的出口成本，有利于抑制这些出口产品的增长。同时，碳税的征收有利于鼓励和刺激企业更换低耗能、低排放的先进工艺，开发和使用碳回收技术等节能减排技术，最终有利于促进整个产业结构的优化、调整，能耗的降低和低碳技术的开发应用。

此外，面对欧美国家推出的"碳标签""碳关税"等低碳贸易壁垒，我国纺织业表现出非常强烈的"不适感"，近几年来产生的贸易摩擦也呈增长趋势。这对我国纺织品的出口造成了很大的威胁。我国向低碳贸易转型需要一个过渡期，在过渡阶段我们的低碳技术跟发达国家仍存在一定差距，若不采取措施，任由"碳标签""碳关税"等低碳贸易壁垒对我国纺织业进行打击，非常不利于纺织业的发展也不利于经济发展。因此，适当地征收出口碳税，一方面可以防止关税流失，另一方面可以用这些碳税对纺织业出口企业的低碳技术研发进行支持。

10.1.2 制度口径的建设与完善

(1) 完善法规加强管理

当今我国纺织服装贸易与环境发展中存在的主要问题是一味强调纺织服装贸易规模的发展，而忽略了环境的保护。注重了纺织服装贸易所带来的经济效益，忽视与之密切相连的环境效益。正如上面所说的，很大一部分纺织服装加工贸易与纺织服装一般贸易的合同是建立在破坏我国自然环境和资源基础之上的。与此同时，我国纺织服装贸易的发展水平还处于较低水平。纺织服装无论从加工手段还是技术水平都处于较落后阶段。在国际贸易中我国主要依靠劳动力优势来进入国际市场。再加上发达国家利用我国人力优势，将纺织服装业中污染加工环节严重、损害国有资源的产品转入我国进行加工，这更加不利于我国环境的保护。因此，我国必须进一步加快建立和完善纺织服装一般贸易和加工贸易中有关环保方面的法律法规以保护好我国的环境。我国纺织行业也先后制定了《纺织工业环境保护管理办法》《纺织工业环境保护设计规定》等规章制度。这些制度的出台较好地加强了我国环境的保护。

(2) 完善信息与决策机制

政府要有高效的信息与决策机制。首先，在大数据的时代背景下，如何了解、掌握实时的信息尤为关键。中国的纺织服装行业出口额巨大，国外反倾销和绿色壁垒的加强使得我们纺织服装产业的发展面临着持续的风险，这就要求必须建立起完善的信息机制，及时反映国际、国内市场的发展变化情况。同时，及时公布城市环境质量、重点流域水质状况等信息，建立企业环境表现公开制度，通过权威媒体向社会公布结果，鼓励公众监督企业的环境行为，促进产业和整个社会的绿色发展。在信息处理的基础上，政府要建立决策机制，即通过相应的法律法规对整个纺织产业的生产、加工和处理等环节加以规范。同时，完善责任追究制度，对于违反规定的企事业单位和个人进行责任追究。由于纺织产业涉及环境因素，因此对立法的要求也应相应提高，对如何度量环境污染情况、如何度量资源使用情况等作较为精确的定义。

(3) 制定低碳产业发展扶持优惠政策

要实现纺织品贸易低碳化，首先要注重发展低碳经济。低碳经济是一个需要全民共同参与的宏大工程，中国应该加快构建低碳经济的国家战略框架，形成低碳经济的国家战略，充分发挥政府、行业、企业的积极性，形成推进低碳经济发展的强大力量。

国际上低碳减排处于领导地位的国家是英国。该国制定了世界上第一部《气候变化法》，将二氧化碳减排提升到国家战略高度。为了保障低碳经济的良好发展和提高能源效率，英国政府制定了一系列激励措施，如气候变化税、碳基金等，并对使用生物能源、清洁能源或可再生能源的部门进行扶持或者免税。中国也可以借鉴该项政策，通过财政、税收的扶持，鼓励纺织品低碳化的发展。

中国国民经济和社会发展"十一五"规划纲要（2006—2010年）将节约资源提高到基本国策的高度，提出要实现永续利用的发展战略，必须提高资源利用效率，并对降低单位GDP能耗和利用新能源制定了具体的约束性目标。在立法方面，2005年全国人大常委会通过《可再生能源法》，2007年通过修订后的《节约能源法》，实现了节约能源和开发新能源的有法可依。

20年来，国家投入巨资在新疆实施大规模优质棉基地建设，目前年产优质棉花420多万吨，占全国棉花的60%。其实，国家对新疆纺织产业的支持力度一直都不弱。国家《纺织工业调整和振兴规划》明确指出："支持新疆发挥棉花资源优势，发展棉纺工业，建设优质棉纱、棉布和棉纺织品基地。把新疆建设成依托内地面向中亚乃至欧洲的纺织品服装出口加工基地和区域性国际商贸中心。"围绕这一目标，国家和自治区出台了多项优惠政策，涉及财税、金融、园区建设等多个方面。具体来看，这些政策包括设立规模为200亿元左右的纺织服装产业发展专项资金、实施税收特殊优惠、低电价优惠、纺织品服装运费补贴、使用新疆棉花补贴、企业员工培训和社保补贴、支持集中建设印染污水处理设施、加大对南疆地区支持力度、加大金融支持力度等政策。

（4）建立纺织品回收再利用体系

中国将推动再生资源利用产业化列为《"十二五"循环经济发展规划》中的重要任务。在"十二五"期间将重点开发和推广低成本纺织制品的回收和再利用，并且要求2015年再生纤维将占全国纤维加工总量的15%左右，因此废旧纺织品回收也成为"城市矿山"的重要组成部分。

发达国家纺织材料的循环再利用高达17%，已经形成了成熟的废旧纺织品的回收再利用系统，逐渐发展成为投资少、效益高的新型产业。废旧纺织品的回收再利用既缓解了行业的资源短缺，也减轻了对环境的压力。中国可以借鉴国外成熟的回收再利用经验，引进先进技术，不断创新进取，发展成为具有中国特色的纺织品回收再利用体系。

首先应制定相关政策和标准，建立针对纺织品的回收再利用循环体系，并设立纺织品回收再利用的监控和管理部门。其次做好纺织品回收再利用的规划和具体流程，对于见效快、成本低的回收技术要进行推广和普及，评选出优秀的回收再利用企业，以起到示范和教育的作用。

10.1.3 执行口径的顺畅与高效

(1) 构建外部激励机制

缺乏激励机制,企业便没有动力去引进新的生产方式和技术,要使企业真正实现绿色生产营销模式,积极参与到绿色产业发展中来,根本的方法就是充分运用市场的价格机制促进循环发展,形成有效的激励机制。

目前而言,政府部门缺乏在纺织品生命周期的各个环节上的协调管理能力,对纺织服装企业没有建立一套完善统一的激励系统。各行业之间标准也缺乏衔接,很大程度上限制了绿色纺织品的整体发展水平。缺少政府的外部扶植,企业缺乏积极性,绿色纺织品的研制、设计、开发、试验、生产、营销、回收利用等方面都需要投入大量资金,这种成本高、周期长、见效慢的资金投入造成了产品较低的价格竞争优势以及较大的投资风险。因此,政府在整个绿色发展路径中的激励和引导作用,主要应体现在以下两个方面:第一,加强绿色教育,制定绿色发展战略,加大传媒宣传力度,使国民认识到经济绿色发展的重要性,从而逐步引导公众改变消费观念和消费习惯。第二,实施奖惩政策,促进企业优胜劣汰。政府要对积极实施绿色管理的企业给予一定补贴,并继续给予各种税收优惠、项目扶持等政策,重点支持纺织新材料、清洁生产技术、高附加值生产技术和关键设备的研发和产业化,支持纺织行业自主品牌建设。对于没有达到绿色管理模式的要给予一定的惩罚,如征收环境污染类税收,没收落后设备等。

(2) 构建绿色投融资机制

"绿色金融"是由国内外学术界在研究金融业与可持续发展关系时的用法,一般是指金融机构在投融资决策的过程中考虑潜在的环境影响,把环境保护作为一项基本政策,在金融经营活动中注重对生态环境的保护以及环境污染的治理,通过对社会经济资源的引导,促进社会的可持续发展。我国自2008年4月开始,由中国人民银行与国家环保总局引导成立了全国信用信息基础数据库,对企业环保行为进行评级,环保差的企业在向银行融资时将受到限制。

基于此,政府应建立和创新纺织服装产业的绿色投融资机制与模式,找到适合自己的绿色投融资机制,促进纺织服装产业绿色投融资发展。第一,政府可以承担一些公益性很强但经济效益不佳的基础设施建设,加强对绿色机制实施情况的监督和管理等。目前,北京纺织服装行业绿色发展的回收再利用环节已有部分政府部门加入,如民政部和环保局。第二,推进绿色信贷,在贷款政策、贷款对象、贷款种类与方式上，均可将绿色纺织作为重点扶植项目，给予一系列优先和倾斜的政策，优先支持以绿色生产为主的纺织服装企业，对于其购进先进技术和设备设施给予税收方面的减免和支持，引导其进行绿色生产。

10.2 行业层面

10.2.1 碳核算口径的完善

(1) 明确行业的碳责任分担体系

中国作为"世界工厂"，在国际上的分工地位和以加工为主的贸易方式，加上低廉的劳动力及较低的环境规制，使得其他国家通过贸易形式向中国转移了大量的污染排放，在现有的"生产者责任"分担体制下，中国为其他国家承担了碳排放污染的后果。

现行的《联合国气候变化框架公约》中规定的排放责任是建立在"生产者责任"基础上的，即一国需要为其生产的所有产品的碳排放负责，包括出口产品在内。这就使得发达国家将大量碳密集型产业转移到发展中国家（如中国、越南等），来减少本国的碳排放，从而实现其对《京都议定书》的碳减排承诺。然而通过我们的研究可以看到，从全球角度来看，碳排放并没有减少，反而是依旧在增加，因为发展中国家普遍生产技术相对落后，单位产出所释放的碳强度要远高于发达国家，并且发展中国家相对来说对清洁能源的利用程度较低，这也增加了单位产出的碳排放。

一个国家的碳排放量应该以该国消费的量作为基础，而不是以生产作为计算基础。建立一个新的碳责任分担体系，不仅有利于引导碳排放密集型产业在排放强度较低的国家和地区发展，促进环境资源的合理有效配置，而且还能够减少发展中国家的减排责任，更能体现公平分配原则。发达国家应当为其过多的消费排放负责，承担更大的减排责任，而不是将责任转移到贫困的发展中国家；发展中国家则应当获得足够的碳消费权利，减轻其减排压力，不为额外的生产而背负成本。另外，这样可以激励更多发展中国家加入到气候变化公约中来，承担自己相应的碳责任，还可以激励发达国家通过技术投资、技术转移等方式，提高发展中国家的技术水平，激发发展中国家国内企业对节能减排技术的创新积极性，多途径实现减排目标。

(2) 适时引入贸易隐含碳排放指标

当前高举"中国威胁论"的发达国家仍不在少数,然而他们只盯着中国贸易顺差规模大,却不会关注中国碳排放的快速增长。由于中国贸易的不平衡持续扩大,以及经济危机后西方经济环境的萎靡不振,中国面临的国际压力越来越大,许多发达国家打着环境之名纷纷设立绿色壁垒,纺织品贸易摩擦不断升级。事实上,由于中国大量承担了发达国家的碳排放,使得美国、欧盟等贸易伙伴成了最大受益者。因此,适时引入贸易隐含碳排放指标,揭示当前中国贸易顺差与环境逆差并存的现象,一方面有助于中国对碳排放快速增长作出合理解释,另一方面则可以对"中国贸易顺差过大""威胁别国发展"等无稽之谈作出有力回击。而且,对中国纺织品贸易隐含碳相关的分析也有助于在国际谈判中,中国掌握主动权,理性看待以贸易为载体的污染排放转移现象。

10.2.2 行业结构口径的调整

(1) 建立低碳技术支持的产业体系

低碳贸易发展与低碳产业结构调整两者是相辅相成的,纺织业对外贸易低碳化转型可以引导和促进国内产业结构往低碳化发展,同时,国内低碳型的产业结构也能够支持和保障纺织业低碳贸易的可持续发展。

从20世纪世界产业发展的历史可以看出,每一次重大的产业转型与发展均伴随着重大的科技革命。技术是低碳化发展的载体,它处于核心地位,是解决经济发展和环境保护、推进低碳经济发展的主导支撑力,是实现节能降耗、提高产品竞争力的关键。纺织业顺利实现低碳化转型发展,走低碳化发展的道路,需要政府创造良好的外部环境,提供大力的支持。通过提高对纺织业低碳技术的财政扶持力度,合理确定政府科技投入领域,安排科技经费重点解决纺织业低碳技术发展中的重大科技问题,将纺织业低碳技术研发提升到国家科技战略层面,建立保障技术战略性研发的制度安排,为纺织业低碳关键技术研究提供充裕的资金支持。要重点保护那些承担国家低碳环保纺织服装重点工程和项目的人才,为技术领军者建立专门的人才库,防止人才流失。

(2) 积极开展国际合作项目

要建立与国际纺织服装研究资源对接机制,应紧密跟进国际上纺织服装前沿的低碳研究思路、策略、技术成果等,积极搭建国际合作平台,鼓励、支持纺织服装企业和科研机构开展交流合作。同时，还可以积极开展国际"碳汇"合作，发展我国"碳汇"产业。"碳汇"是指通过森林和草原从空气中清除二氧化碳的过程、活动和机制，即发展林业。可以通过和发达国家进行国际环境合作，吸引发达国家在我国投资造林，提供资金或技术为我国用于温室气体减排、低碳技术研发升级等。

(3) 有选择地进行部分产业转移

在纺织业生产过程中，设计研发与销售是高附加值环节，并且对环境的污染程度也较轻，而制造加工如印染等初期环节属于低附加值环节，是造成环境污染的主要原因，不利于纺织业节能减排的发展目标。随着我国在设计、营销及品牌等环节实力的逐渐增强，中国纺织业可以将制造加工这部分低附加值的环节进行产业转移。这样既不影响纺织业对经济的拉动作用，同时又可以促进纺织业贸易低碳结构升级。随着中国劳动力价值的增加、国内环境规制逐渐严格，发达国家将目光移向了纺织服装产品加工的新兴市场，如越南、印度、印度尼西亚等，尤其是越南，近几年来纺织服装产品出口量大幅增加。短期来看，中国纺织服装业可依据自身发展情况，将部分高能耗、高排放的生产环节转移至越南等国，并给予相应的技术支持，促进国内产业的转型升级。

10.2.3 执行口径的完善

(1) 完善行业低碳管理监督机制

中国纺织行业作为国家低碳发展规划中的重点行业，必须加速与低碳时代接轨。首先需要提高企业发展低碳经济的能力，尤其是碳排放的评估、监测体系和相应的信息系统的建设。目前，中国有针对中央企业节能减排监督管理暂行办法（国资委令第23号），应借鉴此法令，制定针对具体部门行业的节能减排政策。要完善企业能源的计量管理，建立纺织行业能源监控机构，审核重点污染行业的清洁生产，评估企业可持续发展能力，评选优秀绿色节能企业。

苏州市在行业低碳管理监督方面，针对苏州市碳排放主要单位，通过能耗数据申报、用能在线监测、碳排放核算等手段，摸清苏州市碳排放"家底"，并对碳排放进行动态长期管理，在此基础上，对高排放单位进行有效管理。

苏州市的行业碳排放监督体系为其他地区建立合理的体系提供了参考，政府部门应针对自身城市特点，建立符合自身需求的低碳监督体系。

(2) 引导设立废旧纺织品回收箱

在北京，截止到 2014 年年底"地球站"公益创业工程在北京投放 156 多个收集箱，"兰花草"在京津冀地区的 54 所高校以及北京市 56 个街乡、160 所中小学设立超过 920 个募捐点。但这都是团体行为，而这一行为应该由政府主导、行业协助引导。

政府与行业应对废旧纺织品回收箱的设计、颜色及规格做出明确规定，并统一执行。以韩国为例，其废旧衣物回收箱是一种体积较大的绿色铁皮箱，通常设在街边，箱体高 1.5 米左右，在箱子顶部有一个半圆形投放口，衣物回收箱用于投放旧衣服、鞋子、包袋、毯子、被子等纺织品。这些统一设计的回收箱特点鲜明，在公众投放时便进行了预分类，能够降低废旧纺织品回收后的分拣难度。

10.3 企业层面

10.3.1 能源使用低碳化

(1) 优化工艺流程降低能源消耗

中国纺织服装业作为传统行业，其生产能源以煤炭为主。显而易见，单位热量煤的碳排放要高于石油、天然气等，这是导致中国高碳排放强度的重要因素。而解决这一问题的重点并不是是否要使用煤炭，因为中国目前仍处于工业化的进程中，应该考虑到效率与环保这两个问题。因此并不是不要工业化，而是找到替代的能源、技术和方法。在行业发展增速下降、出口形势严峻等情况下，节能减排成为行业发展的突破口。

工艺流程的差异对二氧化碳的排放量有着重要影响。试想若工艺流程设计不合理，那么在生产过程中就会多产生大量废气，再好的废气处理装置也无法真正降低碳排放，所以说优化工艺流程对纺织业低碳化发展十分重要。从前面的分析我们可以看到，纺纱、漂白及染色等环节对环境的污染比较大，且附加值比较低，若能够优化这些流程，则可以大大降低二氧化碳的排放。

(2) 创新技术提高能源使用效率

纺织业能源消耗大，发展方式粗放，不利于产业低碳化发展。必须通过技术进步、技术创新等提高能源利用效率的手段，来提高纺织业能源利用效率。在发达国家的低碳政策中,他们鼓励提高能效和开发新能源,注重低碳技术研发、应用和转让。

10.3.2 实现清洁生产

清洁生产是一个新鲜事物,是一种思维方式和方法。我们需要正确地认识和运用清洁生产的原理和方法,充分动员企业的领导和员工,结合企业实际,改进管理,改变思维,不断地发现节能降耗的空间,发现可以降低生产成本的地方,发现削减污染物产生和排放的方法。

(1) 重视源头控制

物料和能源消耗、污染物排放及事故和问题是纺织印染企业清洁生产的三个源头。具体来讲,控制物料和能源消耗源头就是控制成本,这是大多数企业都比较重视的;控制污染物源头就是要减少不必要的污染产生;而控制事故和问题的源头也就是控制成本,这要求做一系列系统的工作以达到目的,如控制工艺的成功率。

(2) 系统地进行节能节水工作

在纺织品生产过程中,需要对水耗和能耗做系统分析,在系统分析的基础上确定实施方案和采取的措施。

(3) 大胆地运用新技术和新设备

从目前来看,企业运用新设备和新技术的积极性比过去有了很大提高,但仍有一些企业在运用新设备和新技术的过程中局限于惯性思维。例如,在间歇式染色中,大家愿意接受气流染色机等低浴比染色技术,却较少愿意接受冷堆法染色技术,这除了受技术人才缺乏的制约外,也与负责人的意识有关。

(4) 提高管理手段,强化管理能力

投入资金购买设备、实施节水节能和清洁生产项目,这些是必要的,能较大幅度提高企业的清洁生产水平。然而将提高企业清洁生产水平的希望全部寄托在设备的投入上是不现实的,还应该通过管理来实现。相反,在现有的条件下,通过加强管理是可以提高清洁生产水平的。随着各项技术不断发展,管理手段也应有所提高,不能仅停留在过去的手段上。因此,在管理方面,不仅要加强,而且还要有制度的创新来适应新形势的发展。

第六部分

专题研究

第六部分 专题研究

11 北京纺织服装产业国际竞争力与碳排放关系实证分析

11.1 研究背景及意义

11.1.1 研究背景

(1) 北京市纺织服装业发展现状

纺织服装业是北京市的都市产业,它能够充分利用北京市的优势,提供更多的就业岗位,满足北京市居民消费的市场需求,所以就更应该考虑到与城市环境相协调的问题。北京市纺织服装业出口额由 2004 年的 316 454 万美元增加至 2008 年的 433 316 万美元,又急速降低至 2009 年的 354 532 万美元,最后缓慢回升至 2012 年的 435 406 万美元。但是北京市纺织服装业出口额占北京市总出口额的比例却逐年下降,尤其在 2005 年到 2008 年间,北京市纺织服装业的出口额占北京市出口额的比例由原本的 16.30% 降到 7.53%,这一比例的降低,除了国际出口市场的低迷和其他地区的出口挤压,还有一部分因素是由于北京市工业外迁等政策的发布而导致,如图 11-1 所示。

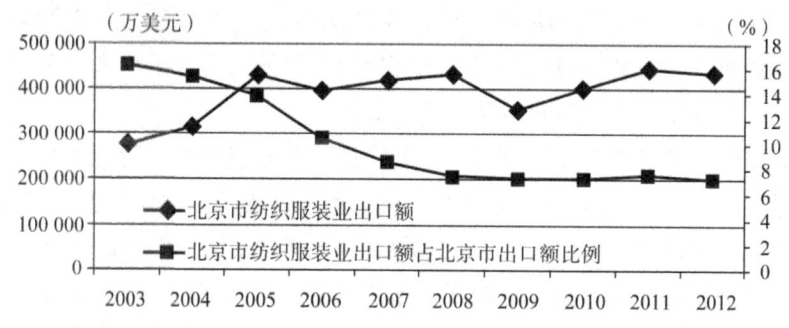

图 11-1 2003—2012 年北京纺织服装行业出口额及其占北京市出口总额比重

数据来源:作者根据《北京统计年鉴》和《北京商务委员会数据统计》整理所得。

纺织服装业也是我国重要的支柱产业，该产业利用我国的传统优势，为我国的国民经济发展、出口创汇、资本积累及创造就业等诸多方面做出了巨大的贡献。我国现已发展成为全球第一大纺织服装生产国和出口大国，却不是纺织服装生产强国。这是由于现如今我国纺织服装产业国际竞争力较弱，尚未树立全面的可持续发展的经营模式。

到目前为止，我国主要以中国香港、日本、美国、欧盟、韩国及俄罗斯五个市场作为纺织服装业的出口市场。由于我国出口市场的集中，增加了纺织服装出口对特定市场的依赖性和限制性，这一现象会导致纺织服装出口贸易不稳定性和外贸政策实施难度的增加。同时，其他国家的纺织贸易与我国竞争激烈，加之诸多不利于我国出口贸易的政策不断出现，使我国的市场份额受到强力打击。这也导致了北京纺织服装公司出口份额的大幅度减少。

(2) 北京市纺织服装业碳排放现状

纺织服装行业为我国国民经济做出了重要贡献，但同时也承担着很大的温室气体减排的压力。目前，纺织服装行业的增长方式仍以粗放型为主，这就意味着该行业的资源使用情况不合理，造成资源浪费，严重污染了环境。国务院在2007年发布的《第一次全国污染源普查方案》中提到，纺织服装业属于重污染企业之一。同时，在近年来的两会舆论场中，环保成了与民生最息息相关的话题，中共十八大首次提出"美丽中国"的概念，节能减排便是实现中国的"美丽"愿景必不可少的措施。纺织服装业要在国民经济中发挥更大作用的同时应建设可持续发展型社会，将"纺织大国"转变成"纺织强国"，因此，就必须改变纺织服装业的增长方式，这样不仅能够创造更多的纺织服装业的收益，满足这一代人的纺织服装的消费需求，与此同时，也能够为后世提高生活质量做出一些贡献。如今，全球气候变暖严重影响了人类社会的可持续发展，这一问题受到国际社会的广泛关注，于是我们所居住的北京的碳排放量也引起了我们的关注。因此，深入调查、研究北京市纺织服装业可持续发展的问题对于加速北京贸易发展与治理北京市环境污染具有重要的现实意义。

北京市纺织服装业若想得到进一步的发展，就必须加快该行业的科技创新与节能减排。2004年，我国对外发布了《促进北京时装产业发展建设"时装之都"规划纲要》，若想要成为世界第五大世界时装之都，仅仅凭借超高生产力是不够的，应该进一步加快工业格局的转变，由加工生产转向高端研发与贸易，成立研发中心、信息发布中心与时尚展览中心。相信在完成了这些转变之后，北京一定可以在保证纺织服装出口竞争力的前提下，减少碳排放。所以本课题的研究意在于推动北京纺织服装业重新确立产业目标及其发展方向,转变其固有的经济增长方式,重新塑造产业形象,进一步提高产业可持续发展的能力,并进一步推动"时装之都"的发展,使纺织服装业在北京工业化和构建和谐社会中,做出新的贡献。

《北京市统计年鉴》数据显示2003—2012年北京纺织业碳排放总量整体呈现下降趋势,由2003年的65.32万吨CO_2降低到2012年的47.33万吨CO_2(见图11-2)。

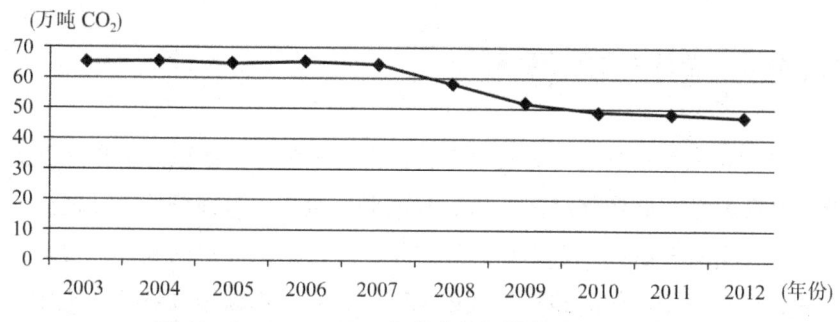

图11-2 2003—2012年北京纺织服装行业碳排放量

数据来源:作者根据《北京市统计年鉴》的数据整理所得。

11.1.2 研究意义

在全球气候变化背景下,中国作为世界上主要的能源消费国和二氧化碳排放国,为应对气候变化,做出了积极贡献。在纺织工业"十二五"发展规划中有关领导部门提出了一系列的量化指标,例如,单位工业增加值能源消耗降低到2010年的80%,工业二氧化碳排放强度降低到2010年的80%,主要污染物排放比2010年下降10%。加快建立纺织纤维循环再利用体系,再利用纺织纤维总量达到800万吨。

与此同时,北京纺织服装出口面临巨大的压力,劳动力成本不再廉价,消费者反映的质量问题,国际上其他国家纺织服装业的发展,纺织工厂的转出,造成了北京纺织贸易竞争力的减弱。本部分内容从北京纺织服装行业角度出发,基于我国相关领域的统计年鉴数据以及联合国公布的贸易数据,意在分析影响北京纺织服装产业的国际竞争力在全球所处地位及该统计数据与碳排放量的关联程度,在北京纺织服装行业的低碳化发展的大背景下,提出能够提高贸易竞争力的政策建议。此外,客观、科学地评估以北京为例的纺织服装业碳排放情况,全面细致地分析影响北京纺织服装业碳排放的主要因素，可以为我国有关部门有效地实施CO_2等温室气体的减排策略提供理论依据，为今后的经济发展提供良好的环境保障。

11.2 概念界定

11.2.1 碳排放的概念

由于目前我国并没有对碳排放的官方记录公开数据，所以我们以《北京市统计年鉴》公开的城市能源终端消费作为源数据，由于能源部分的消耗所产生的碳排放，主要是由富含碳的化石燃料燃烧产生，因此碳排放量的确认，可以根据燃料消费的数量和不同燃料的碳排放系数来确定。在计算碳排放量的过程中，对于燃烧产生的CO_2，燃烧条件的变化在整个燃烧过程中对碳排放的研究结果所产生的影响较小，所以燃烧条件的变化在本研究中不作参考，因此，排放系数主要取决于燃料的碳含量。

11.2.2 国际竞争力的衡量指标

(1) 显性比较优势指数

显性比较优势指数也称为出口效绩指数，是一种解释指标，通常情况下用来分析一个国家或地区的某种产品是否具有比较优势。其计算公式为

$$RCA = (X_i/X_t)/(W_i/W_t)$$

上述公式中X_i表示一国某商品出口值；X_t表示一国商品出口总值；W_i表示世界某商品的出口值；W_t表示世界商品出口总值。

该指数是动态变化的。它是指一个时段内的 RCA 指数与前一时段 RCA 指数之比，它的优势是可以将某一地区显性比较优势的调整与变化更直观地显示出来。显性比较优势指数被广泛地运用在国际贸易研究中。

(2) 贸易竞争力指数

贸易竞争力指数，即 TC 指数，该指数是分析国际竞争力的衡量指标之一，它

主要能够反映一国进出口贸易的差额占该国进出口贸易总额的比重，公式表达即

TC指数＝（出口额－进口额）/（出口额＋进口额）

其值越接近于0表示竞争力越接近于平均水平；该指数为－1时表示该地区产业只进口不出口，越接近于－1表示竞争力越薄弱；该指数为1时表示该地区产业只出口不进口，越接近于1则表示竞争力越大。

(3) 国际市场占有率

本研究所指的国际占有率指数是一种定量指标，是对国际竞争力分析时所用到的测度指标之一，其实目前并没有一个明确的指标可以用来衡量一国某行业的国际竞争力，笔者根据所要研究的对象，采用这一指标来衡量北京市纺织服装行业的贸易竞争力，该指数可以表示为一地区某行业出口额占该行业世界出口总额的比重，其表达式为

国际市场占有率＝某地区某行业出口总额/世界该行业出口总额

该指标均在0～1之间。其值越接近于0表示竞争力越低，反之，越接近于1，说明该地区的国际市场占有率越高。

11.3 北京纺织服装产业碳排放估算与国际市场占有率测算

11.3.1 北京纺织服装产业碳排放量估算

(1) 计算方法

碳排放核算所采用的是纺织服装行业终端能源消费口径的统计数据，利用碳排放系数法核算该行业的碳排放量，计算公式如下

$$c = \sum_{i=1}^{n} E_i \times u_i$$

式中，c为碳排放量，E_i为第i种能源的消费量，以万吨计，u_i为第i种能源的碳排放系数，其碳排放系数实际值等于其理论值与氧化分数的乘积。各类能源的碳排放系数如表11-1所示。

表11-1　各类能源的碳排放参考系数

能源种类	碳排放系数（kg CO_2/kg）	能源种类	碳排放系数（kg CO_2/kg）
原煤	2.46	煤油	2.56
焦炭	3.14	柴油	2.73
燃料油	2.219	液化石油气	1.75
汽油	1.988	天然气	2.33

数据来源：笔者根据IPCC数据计算而得。其中，天然气单位为kg CO_2/m^3。

（2）数据的来源及处理

根据《北京市统计年鉴》公布的纺织服装业的能源消费量的统计可知，北京市纺织服装业的碳排放主要来源于煤炭、焦炭、汽油、煤油、柴油、燃料油、液化天然气、热力、电力。为了避免重复计算，本研究计算的碳排放主要针对一次能源的使用计算而得，而电力、热力属于二次能源，所以在计算碳排放的总量时，电力、热力的碳排放量不计入总量中。

（3）估算结果分析

近几年来，我国纺织产业高速发展，但为了进一步治理北京市的空气污染，根据相关的北京市工业企业外迁政策以及《京津冀协同发展规划纲要》，原北京市的一些重污染企业将迁往北京周边的一些地区，北京市将着重发展高新科技产业，所以北京市纺织业的能源消耗并没有呈现增长趋势。纺织服装业能源消费的碳排放总量由2003年的65.32万吨CO_2下降到2012年的47.34万吨CO_2，降低了27.53%，如表11-2所示。

表11-2　2003—2012年北京纺织服装业碳排放量

年份	纺织服装业碳排放量（万吨CO_2）
2003	65.318
2004*	65.518
2005	64.825
2006	65.506
2007	64.730
2008*	58.220
2009	51.709
2010	49.076

续表

年份	纺织服装业碳排放量（万吨 CO_2）
2011	48.298
2012	47.331

注：由于星标年份的数据是缺失的，最终得数由上、下两年加总平均而得。

通过观察 2003—2012 年纺织业几种主要原料能源消耗产生的温室气体排放量，笔者发现纺织工业的能源消耗主要集中在煤炭、汽油、柴油的消耗上，占到 98% 左右。主要能源的消耗量如图 11-3 所示。

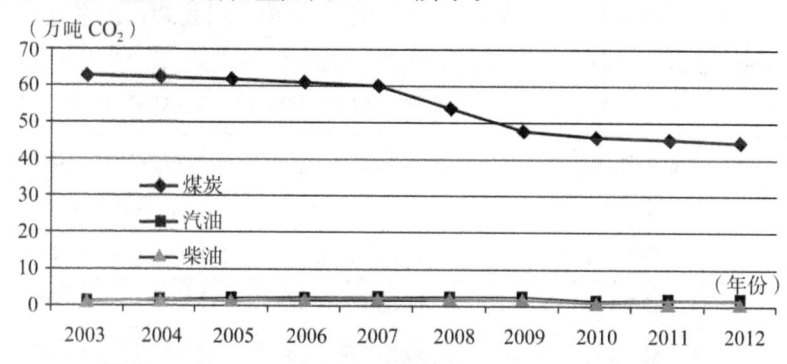

图 11-3　2003—2012 年北京纺织服装业主要能源碳排放量

从图 11-3 可知，北京市纺织服装业主要能源消费中，煤炭消耗产生的温室气体排放量最高，从 2003 年排放 62.77 万吨 CO_2，逐年下降至 2012 年排放 44.60 万吨 CO_2，但是煤炭所排放的温室气体占总能量排放的温室气体的比例却没有相应大幅度下降，2003 年煤炭的温室气体排放量占总温室气体排放量的 96%，2012 年该能源的碳排放占总排放量的 94.23%。汽油、柴油消耗产生的温室气体排放比例比较平稳，没有大幅度的升降变化，汽油的温室气体排放量在 2003 年到 2009 年呈现增长趋势，温室气体排放量从 1.37 万吨上升到 2.53 万吨。在 2009 年之后开始下降，2012 年汽油的碳排放量为 1.83 万吨。柴油与汽油呈现类似的趋势，先升后降，2003—2007 年柴油的碳排放量逐年增加，但是在 2007 年之后开始下降。

11.3.2　北京纺织服装产业国际市场占有率的估算

(1) 计算方法

笔者研究北京市纺织服装产业的国际竞争力与碳排放的关系，以及现有官方公布的统计数据，由于目前通过查询有关的官网数据，只能收集到北京纺织服装的出口额，其相关进口额没有被记录，所以采用国际占有率这一指标来衡量北京市纺织服装行业的国际竞争力，该指数可以表示为一地区某行业出口额占该行业世界出口总额的比重。本研究提及的全球纺织服装业出口额是指联合国贸易数据网所收录的 166 个国家的纺织服装业的出口数据。计算公式如下：

国际市场占有率＝某地区某行业出口总额/世界该行业出口总额

(2) 数据来源与处理

选取 2003—2012 年作为研究的时间区间，纺织服装行业出口额数据来自北京商务委员会统计数据公示（2003—2012 年）。世界纺织服装业的总出口额来自 UN comtrade 数据库（2003—2012 年）。数据处理结果如表 11-3 所示。

表 11-3　2003—2012 年北京市纺织服装业国际占有率

年份	北京纺织服装业出口额（万美元）	世界纺织服装业出口总额（万美元）	北京市纺织服装业国际市场占有率（%）
2003	275 195	42 076 203.579 3	0.654
2004	316 454	47 050 286.913 8	0.673
2005	429 181	50 016 564.235 0	0.858
2006	396 827	54 917 605.812 0	0.723
2007	418 770	60 631 593.922 3	0.691
2008	433 316	63 555 251.613 4	0.682
2009	354 532	54 871 131.342 7	0.646
2010	402 964	62 799 030.489 0	0.642
2011	445 658	73 217 694.614 6	0.609
2012	435 406	69 050 002.727 2	0.631

数据来源：作者根据《北京市统计年鉴》和北京市商务委员会、UN comtrade 公布的数据整理所得。

(3) 测算结果分析

由上述表格可以看出，自 2003 年起，世界纺织服装业的出口额一直呈现上升趋势，直到 2008 年金融危机的爆发，世界纺织服装业的出口额从 63 555 251.613 4 万美元降低至 54 871 131.342 7 万美元。原本北京的纺织服装出口额从中国加入 WTO 以后，一直呈现增长趋势，但是由于国际出口市场的低迷，对北京的纺织业出口产生了重要影响。北京市的纺织服装业的出口额从

2008 年 433 316 万美元下降至 2009 年的 354 532 万美元。

北京纺织服装业的国际占有率，总体呈下降趋势。可能是由于北京纺织出口面临巨大的压力，劳动力成本不再廉价，消费者反映的质量问题，国际上其他国家纺织业的发展，纺织工厂的转出，造成了北京贸易竞争力的减弱。政府与企业应该及时解决纺织出口面临的一些压力与存在的一些问题。

11.4 模型实证分析

11.4.1 基本理论假定

本模型所研究的碳排放是纺织行业消耗能源产生的碳排放，因此，下面的理论分析都是基于这点。

国际占有率指数反映的是纺织行业国际贸易的竞争力情况，出口额会增加，会导致国际竞争力的上升，一般情况下，出口方面的碳排放总量也会因此而增加，行业总的终端碳排放量也会增加。所以假设国际占有率指数对碳排放呈正相关。

能源强度即行业能源消费总量与行业工业总产值的比值，该指标反映了行业单位产值能源消费量。因此，能源强度越高，碳排放总量越高。所以假设它们具有正向的关系。

11.4.2 变量界定与数据说明

本模型研究的是北京纺织服装业国际占有率与碳排放的关系，构建模型的变量的选取是根据已有研究，选定最后的变量。

(1) 被解释变量的选取

本模型研究的是行业碳排放，考虑到数据来源的准确性与方便性，尽量避免计算烦琐而带来的误差，本研究选择北京市纺织服装业碳排放总量作为被解释变量。

(2) 解释变量的选取

综合已有研究的碳排放量的因素，整理了北京市纺织服装业国际占有率指数、能源强度、能源结构。国际占有率指数是反映出口贸易竞争力的指标；能源强度是行业能源消费量与行业总产值的比值，反映单位产值能源的消费量；能源结构是某类化石类能源消耗量占能源消耗总量的比重，反映的是某一类能源结构的变化。考虑到数据的统一性和变量的重要性，本研究选用国际占有率指数和能源强度这两个变量，整理如表11-4。

表11-4 最终变量及数据来源

变量类别	变量名称	数据来源
被解释变量	北京纺织服装业碳排放量 Y	北京市统计年鉴；行业能源消费量 IPCC 数据；各类能源消费碳排放系数
解释变量	国际市场占有率指数 X_1	北京市统计年鉴；北京商务委员会；UNcomtrade
	能源强度 X_2	北京市统计年鉴

其中，关于碳排放的计算，前文有详细介绍，下面介绍以上变量的计算方法，这些计算公式是以其定义和在本研究中的研究意义为基础。

国际市场占有率=某地区某行业出口额/世界某行业出口额

能源强度=某地区某行业煤炭排放量/某地区某行业工业生产总值

根据已定变量和数据说明，整理搜集的数据得出表11-5。

表11-5 2003—2012年北京纺织业碳排放主要影响因素指标值

年份	北京纺织服装业碳排放量 Y（万吨CO_2）	北京纺织服装业国际市场占有率指数 X_1（%）	北京纺织服装业能源强度 X_2（万吨标准煤/万元）
2003	65.318	0.654	0.000 134
2004	65.518	0.673	0.000 152
2005	64.825	0.858	0.000 115
2006	65.506	0.723	0.000 111
2007	64.730	0.691	0.000 104
2008	58.220	0.682	0.000 101
2009	51.709	0.646	0.000 098 4
2010	49.076	0.642	0.000 083 1
2011	48.298	0.609	0.000 088 1
2012	47.331	0.631	0.000 095 2

数据来源：《北京市统计年鉴》和北京商务委员会、联合国商品贸易数据库公布的数据，由作者整理所得。

注：该表中的工业总产值为规模以上行业总产值。

11.4.3 模型建立

上一节对变量的确定以及数据的整理为本小节构建模型奠定了基础。本计量模型设定如下：

$$\ln(Y) = C_0 + C_1 \ln(X_1) + C_2 \ln(X_2) + \mu$$

其中，Y 表示我国纺织服装行业碳排放总量，C_0 表示常数项，X_1 表示北京市纺织服装业国际市场占有率指数，X_2 表示北京市纺织服装业的能源强度，μ 表示随机误差项。

11.4.4 模型的结果与分析

(1) 模型的回归结果

根据表 11-5 的数据，利用统计软件 Eviews7.2 进行回归分析，得到表 11-6 回归结果。

表 11-6 回归结果

Dependent Variable: LOG (Y)				
Variable	Coefficient	Std. Error	t-Statistic	Prob.
C	8.910 589	1.259 931	7.072 282	0.000 2
LOG (X_1)	0.632 419	0.270 352	2.339 246	0.051 9
LOG (X_2)	0.504 154	0.141 138	3.572 066	0.009 1
R-squared	0.793 475	Mean dependent var		4.052 344
Adjusted R-squared	0.734 468	S. D. dependent var		0.142 789
S. E. of regression	0.073 579	Akaike info criterion		-2.137 591
Sum squared resid	0.037 897	Schwarz criterion		-2.046 815
Log likelihood	13.687 95	Hannan-Quinn criter.		-2.237 171
F-statistic	13.447 08	Durbin-Watson stat		1.267 997
Prob (F-statistic)	0.004003			

回归方程为

$$\ln(Y) = 0.632\,4\ln(X_1) + 0.504\,2\ln(X_2) + 8.910\,5$$

(2) 模型的回归结果解释

表 11-6 的回归结果表明，每个估计的回归系数都是显著的，系数显著不为零。R-squared 值为 0.793 475，说明所有变量联合解释了被解释变量 79.35%，拟合优度很好。

观察回归结果可以看出，两个解释变量 X_1、X_2 与被解释变量 Y 正相关，与预期假设相符。贸易竞争力指数 X_1 对应的斜率系数，即纺织服装业对碳排放的弹性为 0.63，表示当能源强度保持不变时，国际市场占有率指数每增长 1 个百分点，会引起北京纺织服装业碳排放量增加 0.63 个百分点。类似地，能源结构系数 X_2 对应的弹性系数为 0.50，表示当国际市场占有率指数保持不变时，能源强度系数每增加 1%，北京纺织服装业碳排放量将增长 0.5%。

北京纺织服装业碳排放量与其国际市场占有率指数、能源强度均呈正向关系，国际市场占有率指数对北京纺织服装业碳排放量的影响程度与能源强度对其影响相近。

(3) 模型的检验

当世界纺织服装总出口量一定时，北京市纺织服装出口量越多，也就意味着纺织品的生产越多，国际市场占有率越高，所以会导致碳排放增加，模型结果 X_1 的系数为正数，与经济学假设相符。

当北京市纺织服装业的工业总产值一定时，能源消耗越多时，即碳排放总量越多，也就意味着能源强度越高，模型结果 X_2 的系数为正数，与经济学假设相符。

由模型结果可知，校正 $R^2=0.734\ 468$，绝对值接近于 1，实际观测点离回归线越近，拟合优度越高，所以此模型拟合优度良好。经过怀特检验，可知模型中亦不存在异方差。

经过各级检验可知，模型拟合优度良好。

11.4.5 模型经济意义分析

本章节对北京纺织业出口竞争力与碳排放建立计量模型，进行回归分析。通过观察回归结果及其分析，可以得出碳排放与国际市场占有率指数、能源强度呈正向关系，因此，减排的有效途径可以有以下两点。

减少能源消耗。根据模型的结果，可以看出，国际贸易竞争力与碳排放成正相关，但是通过降低贸易竞争力使碳排放降低显然不是可行的办法，因为贸易是维持民生的一个重要手段，所以，笔者认为可以通过研发能源的多重利用，在保证贸易竞争力的前提下优化能源的使用。目前，化石类能源还是服装纺织产业生产所需要的主要的能源，所以可以进一步开发非化石类能源的利用，降低化石类能源的使用频率。

降低能源强度即降低单位产量耗能量，或者在能源消耗不变的情况下，增加产出的方式降低能源强度。北京纺织服装产业的碳排放主要在生产环节，所以若想降低碳排放的同时增加工业产值，最好的途径是加快纺织服装业的经济转型，从依靠生产加工出口，向设计研发转变，这样就能在有效地增加纺织服装业的产值的同时降低能源强度，碳排放也能够随之降低。

11.5 本章小结

11.5.1 碳排放与国际竞争力的关系

当今社会，各国贸易发展迅速，纺织贸易逐渐形成全球化体系，拥有强大综合国力、科技创新力以及品牌竞争力的发达国家，依靠其自身优势，在纺织服装产业占据着主导地位，引领全球纺织服装业的技术创新和潮流动向。而发展中国家，特别是我国的纺织服装业，虽然近年来发展迅速，但在纺织配额逐步取消、出口量逐年递增的同时，产品价格却呈现下滑的趋势，加之西方国家颁布的"特别保护条款"，使我国纺织服装产业受到一定的威胁，所以，北京纺织工业应集中发展科技创新能力，突破外界施加的各种不利条件，不断提高纺织业的贸易竞争力的同时减少碳排放。

基于研究结果发现，北京纺织服装业碳排放量与国际市场占有率指数、能源结构系数都呈正向关系，国际市场占有率指数的提高会使得北京纺织业碳排放量增加，能源消耗量与该行业工业总产值的比例的提高也会使得北京纺织业碳排放量增加。

计算的数据显示，北京纺织产业碳排放量呈逐年下降趋势，如图 11-4 所示。国际市场占有率指数自 2003 年开始上升，但到 2005 年，该指数又呈现下降趋势，直至 2011 年，该指标才有一些回升，这表明北京纺织服装业的出口竞争力在近些年是逐年下降的，这一指标的降低同时伴随着碳排放量的减少，但这是一个消极的影响。在减少碳排放量的同时，我们仍应保持甚至要提高北京纺织产业的贸易竞争力，要做到在拉动经济增长的同时，减少碳排放量并保护环境。这就需要从其他方面着手，所以，北京纺织产业要走向一条更好的循环发展的道路，既要考虑减少碳排放的措施，也要想出一些提高出口竞争力的有效途径。

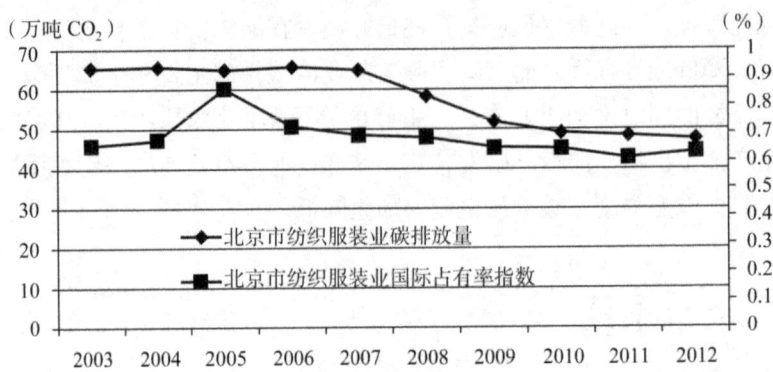

图 11-4 2003—2012 年北京纺织产业碳排放量和国际市场占有率指数趋势

11.5.2 基于实证分析的政策建议

(1) 提高贸易竞争力

虽然国际贸易竞争力与碳排放成正相关关系，但贸易竞争力是维持民生的一项重要指标，所以，维持贸易竞争力并降低碳排放是必要的措施。

1) 研发绿色纺织服装，提高贸易竞争力

北京作为中国的首都、文化的大都会，是各种文化的集合地。在这样的环境中，应根据北京纺织服装业独有特色，研发新型的环保材质，发展独立的"绿色、环保"品牌，通过特有的纺织服装材质以及产品的环保性能来增加北京纺织服装的认知度，创造属于北京的品牌标志，并让它走出北京市场，面向全国甚至世界。这样就可以利用北京市纺织服装产品自身的特色以及"绿色、环保"的优势，突破一些贸易壁垒，将纺织服装业的出口扩大到最大化。

2) 增强设计研发能力，提高贸易竞争力

为了促进产品的出口，纺织服装业公司应该着重发展整个产业链中低碳环节，即提高设计研发的能力，使纺织服装产业从粗放型的发展模式向集约型的发展模式转变。在设计研发阶段，赋予产品一种文化，在此基础上提高产品本身的价值。另外，政府有关部门需设立统一的管理机构进行有效管理，制定一系列政策措施鼓励设计者在纺织产业的创新和发展，如制定设计人员的激励措施，为企业的技术人员提供有关的培训课程,增加信息的流通,同时更新纺织业设计环节的机器设备,保证设计研发的突破。

(2) 降低能源强度

1) 继续加强和鼓励纺织企业技术创新

自 2003 年以来,北京纺织服装产业碳排放量呈逐年递减趋势,这和企业技术创新是分不开的。纺织企业技术创新,体现在设备的技术创新、工艺的技术创新、设备管理的技术创新,还体现在管理思想的创新和管理人员的创新。调查显示,目前行业内国外电机驱动系统的运行效率比行业内高出近 20%,如果将电机总容量提升 10%,以年均运行 4 000 小时计算,节电率最高可达 25%。由此可见,设备的更新是我国纺织服装行业降低碳排放的有效途径。除此之外,研发或引进先进设备提高单位能源的产出,可以更加有效地降低能源强度。

2) 提高能源管理水平

目前,煤炭一直是我国主要的能源消费,这种能源消费结构造成了大量的碳排放,其消费产生的碳排放比石油和天然气都高很多。纺织服装产业对能源产业依赖较大,能源结构造成的大量碳排放也是导致纺织产业成为重污染产业的重要原因之一。因此,应该在一定程度上限制煤炭类高碳排放燃料的使用,大力发展可再生能源,使能源结构由以煤炭为主向以可再生资源为主发展,从而降低对环境的污染。

3) 加快建设纺织废料回收再利用体系

英国 Oakdene Hollins 机构统计数据显示,目前英国的废旧纺织品回收率已达到 17%,这一数据在法国是 16%。这些回收上来的纺织废料在经过分类后,约有 80% 被再次使用,作为二次纤维被用于纺织行业生产原料。

相对于发达国家较为完善的纺织废料的循环利用制度,我国在这方面显然还没有形成气候。据中国第一纺织网统计数据显示,我国每年废旧纺织品数量超过 2 000 万吨,只有约 5% 得到了循环再利用,其余的则被焚烧或丢弃。废旧纺织品的回收再利用能明显减少碳排放,降低纺织业对环境的污染。我们应加快废旧纺织品回收再利用体系建设,建立完善纺织废料回收制度,鼓励专业回收设备和技术的研发,将这一重要的减排方面有效地利用起来。

12 基于完全碳生产率分析的中国纺织业产业转移研究

12.1 研究背景及意义

12.1.1 研究背景

(1) 中国纺织行业现状

作为第三次世界纺织业产业转移的承接国,中国纺织业得到了蓬勃发展。据国家统计局数据显示,2003年至2013年,中国纺织原材料及纺织制成品出口额逐年增长。其中,2009年受到全球经济危机等影响,出口额略有下降,但是整体趋势呈现上升状态。2004年中国纺织品出口额为887.67亿美元,出口额逐年快速增长,2010年出口额达到1 995.33亿美元,到2013年,出口额已经突破2 739.59亿美元,增长率为37.3%,成为名副其实的纺织原材料及纺织制成品出口大国。

自1978年改革开放以来,中国凭借劳动力成本优势、原材料成本低廉等优势成为世界纺织业产业转移的承接国,承接了大量发达国家的纺织业产业转移。随着经济技术的发展,我国积极进行产业结构调整,使得纺织业蓬勃发展,也使我国成为世界纺织品出口大国。但是21世纪初,中国纺织业面临人民币升值、劳动力成本上升和来自发达国家的贸易壁垒等因素,使得中国纺织业的发展受到阻碍。

随着经济的发展,人们的生活水平也日益提高,环境问题也逐渐受到更多的关注。习近平总书记在讲话中提出,对京津冀协同发展的未来趋势需要"上升到国家战略层面"后,"产业转移"成了各个企业未来发展的重要环节,受到了来自社会各界的密切关注。近日，北京宣布 300 家原定于近期退出北京的污染企业，将提前退出北京。这意味着那些高能耗、高污染、低效益企业将转移至河北等地，为北京减少环境污染贡献力量。正如习近平总书记所言，由于中国纺织业属于高污染、高能耗产业的代表，中国也应当将纺织业中高污染、低附加值的部分向外进行产业转移，实现纺织业绿色发展、节能减排的总目标。

(2) 纺织业产业转移研究

产业转移是指产业的空间转移或空间移动的现象。进行产业转移的参考条件很多，如产品的生命周期、生产，研究纺织业的要素短缺、成本上升、环境恶化、当地经济发展受阻等问题。弗农（Vernon Raymond，1966）将产品生命周期分为产品创新、成熟及标准化三个阶段。当纺织业发展到一定阶段，就会导致人力成本上升，而纺织业是劳动密集型产业，所以会导致产业向外转移。

根据产品的生命周期理论研究纺织业产业转移，需要关注一些承接国基本条件，包括人力成本、基础设施、市场信息等条件。同时纺织业产业转移呈梯度式转移，从前几次世界纺织业产业转移的经验可以看出，转移是从发达国家转移到发展中国家。

12.1.2 研究意义

随着全球经济的发展，中国经济飞速发展。纺织行业作为拉动经济增长的主要民生支柱行业，为经济增长、提供就业岗位、拉动内需等发挥着巨大的作用。2009 年，中国已经成为世界出口的第一大国，其中纺织品出口占中国总出口的很大份额。特别是自 2000 年以后，中国纺织品在国际市场所占份额高达 10%，成为世界第一大纺织品出口国。

中国纺织品进出口贸易虽然为经济发展做出了巨大贡献，但也消耗了大量的能源，并且对环境的污染也日益加重。纺织业是一个名副其实的高污染型产业，不仅在纺织品生产制造过程中产生了过量的废气、废水，同时对能源的消耗量也日益加大，从纺织业降低碳排放、达到国家对节能减排的要求角度出发，纺织行业未来的发展前景都应当得到密切关注。然而，随着全球变暖，低碳经济也逐渐成为各个国家关注的焦点，节能减排和降低能耗也成了各国的基本责任。

本章从完全碳生产率的角度分析中国纺织业历年发展，并对其表现作出评价，对纺织业未来的发展前景进行分析，研究解决由于高污染高能耗所带来的一系列问题。根据产业转移理论研究中国纺织业的优势及劣势，从产业转移的角度分析中国纺织业的发展动向，提出建议。

12.2 基础概论

12.2.1 完全碳生产率概念及核算方法

(1) 完全碳生产率概念

任何一种产品的生产，都会直接或间接地产生碳排放。碳生产率是指单位二氧化碳的 GDP 产出水平，又可称为"碳均 GDP"。就纺织业而言，碳生产率仅计算于纺织业自身的单位二氧化碳 GDP 产出水平，没有考虑其他行业对于纺织业碳生产率的影响。

完全碳生产率是指纺织业每排放一千克二氧化碳可以得到的产出，相较于碳生产率，完全碳生产率包含了其他各个行业对纺织业的影响，通过直接消耗系数、完全消耗系数等数据，体现出了各个行业间的依存关系。通过完全碳生产率的计算可以得到中国纺织业在整个行业中的排名，基于完全碳生产率对纺织业进行行业分析。王苒、武胤和陈迎（2013）针对中国与日本两国间发生贸易的 20 个部门，测算了最主要的九类出口产品的完全碳生产率，对中日两国发生主要贸易产品的完全碳生产率进行了比较优势的分析。

(2) 完全碳生产率核算方法

目前，国内外关于完全碳生产率的计算主要有两种方法：第一种是生命周期法，第二种是投入产出法。其中，生命周期法的缺点是对数据的要求很高，需要精确的数据支撑，并且计算过程十分复杂，因此采用此方法估算完全碳生产率的学者不多，普遍性很低。

投入产出法，基于投入产出表可以计算最终产品所包含的中间投入的完全碳生产率。投入产出法（IO）是用于分析特定的经济系统内，投入与产出量之间的依存关系的理论，可分为单边投入产出模型和多边投入产出模型。最早由美国的里昂惕夫提出，其理论基础是瓦尔拉斯的一般均衡论。目前国内外学者普遍采用投入产出法对完全碳生产率进行估算。本章采用投入产出法来评估中国纺织业完全碳生产率。

Ahmad 和 Wyckoff 研究发现，中国是以内涵能源形式向 OECD 国家出口的最大净出口国，中国用于生产的碳排放比消费所产生的碳排放多 10%。赵玉焕（2011）研究了中国二氧化碳排放增长的影响，为深入了解中国能源消费的影响因素和排放增长的原因、合理界定中国的碳排放责任提供了科学依据；同时为促进中国适度调整对外贸易政策、提高节能减排目标速度做出了贡献。赵忠秀和王苒（2013）采用经典环境库兹涅茨模型研究中国碳排放拐点，为贸易中碳排放提供了新的支持。由于多边模型可以明显提高测量的准确度，所以本章采用多边模型进行研究。

12.2.2 产业转移理论

(1) 劳动密集型产业转移理论

美国的经济学家阿瑟·刘易斯（William Arthur LewiS，1977），最早从发展经济学的角度通过对劳动密集型产业区际转移现象的研究认为：纺织业是劳动密集型产业，对于劳动力成本的要求较高，由于发达国家人口增长率的下降，导致了劳动力不足，从而引发劳动力成本快速上升，使得发达国家不再具有劳动力成本优势，最终使得纺织业由发达国家向发展中国家转移。而发达国家则从发展中国家进口劳动密集型产品，同时加快国内产业结构升级。

由于纺织业是典型的劳动密集型产业，该理论提示我们，纺织业产业转移应重点考虑劳动力因素，发达国家会将纺织业的生产环节转移到劳动力成本更低廉的国家。

(2) 生命周期产业转移理论

产业生命周期论认为，到了产业生命周期的成熟期或衰退期时，产业在原有的地区无法继续得到良好的发展，整个产业需要转移到新的区域，才能使得产业继续发展。1966 年，Vernon 提出了产品生命周期理论，研究产品的生命周期过程，为产业生命周期做出了铺垫。随后 1982 年，Gort 和 Klepper 通过对 46 个产品的数据进行分析，按照产业中的厂商数目进行系统的划分，建立了产业经济学意义上的第一个产业生命周期模型。

国内学者刘志迎（2011）认为，在产业发展到一定时期，特别是到了生命周期的成熟期或衰退期，产品生产基地会进行空间上的转移，其中包括了技术生命周期论观点。

(3) 环境与产业转移理论

在经济发展突飞猛进的今天,人们的生活水平也在日益提高,人们不仅对物质生活的追求发生着改变,对环境的治理也开始更加关注。当今经济的飞速发展给人们的生活带来了便捷,但是经济的发展也给环境带来了不小的破坏。比如当下人们热议的"雾霾""PM2.5"等问题,严重影响了人们的生活质量。而对于纺织业而言,对环境的污染不容小觑。但是国内外的相关文献很少单从环境的角度考虑纺织业产业转移问题,当今中国面临的全球范围内的节能减排和降低能耗的基本责任,以及人们生活的基本环境问题,应当将环境污染考虑到产业转移的要求当中。

12.3 中国纺织业完全碳生产率的核算及分析

12.3.1 方法选择及数据来源

(1) 投入产出法核算完全碳生产率

本研究采用由美国经济学家里昂惕夫(Leontief)提出的投入产出法进行完全碳生产率的测算。投入产出法运用了投入产出表中基本流量表的数据,该表中的基本变量表示如下:i($i=1, 2, \cdots, n$)表示中间投入产品的部门序号,j($j=1, 2, \cdots, n$)表示产出品的部门序号。根据投入产出法的基本理论,各个部门产品在生产过程中,除了与其他产业有直接消耗外,还存在着由中间投入产品所引起的间接消耗。以 a_{ij} 表示生产单位价值量的 i 类产品所需要直接消耗的 j 类产品的价值总量,也即产品的直接消耗系数。运用投入产出法估算完全碳生产率,第一步,需要根据中国投入产出表,通过运算及整理得到中国各行业的直接消耗系数,并在此基础上计算得到完全消耗系数;第二步,运算及整理得到中国各行业的直接碳排放系数,与前面得到的完全消耗系数进行整合并计算得出行业的完全碳排放系数(即完全碳排放强度);最后,计算出各行业完全碳生产率。

根据投入产出表,A 表示为直接消耗系数矩阵,其元素 a_{ij} 表示第 j 部门生产单位产品时对第 i 部门产品的直接消耗量,可称为第 j 部门对第 i 部门产品的直接消耗数。令 A 代表 a_{ij}($i, j=1, 2, \cdots, n$)的矩阵形式,其中 I 为单位矩阵。

为了提供一单位的最终产品,最终产品对本部门的消耗可以表示为

$X_0 = I$

为了提供一单位的最终产品,最终产品对其他各部门的消耗可以表示为

$X_1 = A$

而为了提供 I_1 数量的产品,同时对其他 N 个部门的消耗可以表示为

$X_2 = A \times X_1 = AA$

以此类推,为了提供一单位的最终产品,其在整个生产过程中的完全消耗为

$B = X_0 + X_1 + X_2 + \cdots$
$= (I - A)^{-1}$

其中,I 为单位矩阵,A 为直接消耗系数矩阵,$(I-A)^{-1}$ 即完全消耗系数矩阵,反映了为获得单位最终产品对各部门总产出的需求量,包括直接需求、间接需求和最终需求。在测算过程中,应该采用最终产品所对应消耗其他部门的总产品来测算碳排放。

将投入产出模型扩展到非经济领域,用来衡量单位产出变化所产生的外部性。本研究引入 $I*n$ 行向量 c,即直接碳排放强度矩阵,它的元素表示 i 部门每单位产出的直接 CO_2 排放量,可表示为

$c_i = i$ 部门二氧化碳排放量$/i$ 部门产出

完全碳排放强度指对于 i 部门每单位产出,包括其在内的所有部门的 CO_2 排放量。

$C = c(I - A)^{-1}$

完全碳生产率是完全碳排放强度的倒数。

(2) 数据来源

本研究对 1995—2009 年中国纺织业完全碳生产率进行估算分析,所需数据包括 1995—2009 年中国投入产出表和 1995—2009 年中国分行业的二氧化碳排放数据。数据均来源于 WIOD 数据库。所有数据已进行价格平减处理,价格平减指数来源于 WIOD 数据库。

12.3.2 纺织业完全碳生产率估算过程

(1) 直接消耗系数

计算各个部门的直接消耗系数表,直接消耗系数指生产每单位最终产品所需

要消耗的其他部门的中间投入量。

表 12-1 中国部分行业直接消耗系数

年份	农林牧渔业	纺织业	皮革和鞋类	采矿业	化学原料及化学制品	金属制品及机械制造	水电燃气供应	其他服务业
1995	0.106	0.293	0.009	0.004	0.063	0.006	0.008	0.055
1996	0.101	0.297	0.011	0.004	0.063	0.004	0.006	0.003
1997	0.095	0.279	0.012	0.003	0.060	0.004	0.008	0.002
1998	0.094	0.311	0.012	0.003	0.054	0.005	0.010	0.002
1999	0.090	0.316	0.010	0.003	0.055	0.004	0.011	0.003
2000	0.085	0.317	0.008	0.003	0.058	0.004	0.012	0.040
2001	0.085	0.344	0.008	0.003	0.057	0.004	0.013	0.003
2002	0.085	0.344	0.008	0.002	0.054	0.003	0.014	0.004
2003	0.088	0.356	0.014	0.003	0.059	0.003	0.014	0.003
2004	0.107	0.341	0.014	0.004	0.062	0.004	0.016	0.003
2005	0.108	0.359	0.017	0.004	0.065	0.004	0.019	0.003
2006	0.102	0.389	0.021	0.005	0.065	0.004	0.015	0.003
2007	0.102	0.401	0.021	0.004	0.068	0.005	0.016	0.003
2008	0.097	0.423	0.022	0.005	0.064	0.004	0.015	0.003
2009	0.095	0.441	0.023	0.004	0.061	0.004	0.014	0.003

数据来源：根据WIOD数据整理所得。

根据表12-1可以看出，纺织业除了对自身消耗较大，对化学原料及化学制品、金属制品及机械制造业、水电燃气供应也有较大依赖。从表中还可以看出，对化学原料及化学制品依赖最为显著，水电燃气供应的依赖也在逐年加大。

(2) 完全消耗系数

$B = (I - A)^{-1}$ 被称为完全消耗系数矩阵，表示为了生产本行业每单位的需求，随着各个行业总产出变动多少单位。

从表12-2中可以看出，纺织业对自身的完全消耗在逐年递增，纺织业对化学原料及化学制品的完全消耗并没有太大变化，但是对农林牧渔业的完全消耗维持在较高水平。

表 12-2 中国部分行业完全消耗系数

年份	农林牧渔业	纺织业	皮革和鞋类	采矿业	化学原料及化学制品	金属制品及机械制造	水电燃气供应	其他服务业
1995	0.213	1.430	0.018	0.038	0.146	0.053	0.030	0.005
1996	0.209	1.438	0.023	0.035	0.149	0.052	0.027	0.005
1997	0.193	1.401	0.023	0.034	0.135	0.050	0.030	0.006
1998	0.200	1.467	0.024	0.032	0.129	0.048	0.034	0.007
1999	0.188	1.476	0.021	0.032	0.135	0.044	0.038	0.008
2000	0.174	1.476	0.018	0.037	0.141	0.042	0.038	0.009
2001	0.178	1.513	0.018	0.033	0.139	0.042	0.041	0.011
2002	0.257	1.001	0.001	0.004	0.073	0.006	0.015	0.003
2003	0.193	1.566	0.032	0.034	0.161	0.039	0.051	0.012
2004	0.230	1.528	0.029	0.045	0.164	0.036	0.070	0.012
2005	0.240	1.572	0.036	0.051	0.181	0.039	0.082	0.014
2006	0.243	1.653	0.047	0.053	0.192	0.047	0.070	0.015
2007	0.250	1.688	0.050	0.056	0.211	0.053	0.080	0.016
2008	0.248	1.753	0.054	0.055	0.206	0.054	0.079	0.016
2009	0.252	1.812	0.060	0.055	0.209	0.055	0.077	0.018

数据来源：根据 WIOD 整理所得。

（3）直接碳排放强度

行业的直接碳排放系数，即该行业每生产一单位产值所排放的二氧化碳量。

WIOD 数据库给出了 1995—2009 年 35 个行业的二氧化碳排放量，因此直接碳排放强度即为各行业二氧化碳排放量和各行业产值的除数，为 35×1 的行向量。

由表 12-3 可以看到，水电燃气供应行业的直接碳排放强度很高，但是呈现逐年下降的趋势，纺织业的直接碳排放强度在中国各行业处于中等地位，且纺织业的直接碳排放强度也呈现逐年下降的趋势。

表 12-3　中国部分行业直接碳排放强度（单位：kg CO_2/美元）

年份	农林牧渔业	纺织业	皮革和鞋类	采矿业	化学原料及化学制品	金属制品及机械制造	水电燃气供应	其他服务业
1995	0.443	0.526	0.164	1.653	2.705	1.985	29.918	0.876
1996	0.423	0.378	0.123	1.628	2.334	1.675	33.018	0.873
1997	0.414	0.345	0.110	1.377	1.863	1.489	29.846	0.721
1998	0.408	0.331	0.111	1.510	1.830	1.413	29.010	0.621
1999	0.394	0.245	0.092	1.216	1.396	1.243	26.412	0.581
2000	0.314	0.204	0.076	1.094	1.408	1.140	26.797	0.484
2001	0.306	0.184	0.067	1.168	1.164	1.064	25.245	0.436
2002	0.310	0.162	0.060	1.182	1.051	1.074	25.237	0.400
2003	0.310	0.155	0.060	1.210	0.968	1.010	23.292	0.392
2004	0.363	0.181	0.071	1.170	0.871	1.029	17.466	0.401
2005	0.369	0.146	0.056	1.205	0.869	1.047	15.367	0.371
2006	0.354	0.113	0.045	1.118	0.767	0.795	17.717	0.345
2007	0.317	0.094	0.038	1.045	0.623	0.704	14.053	0.278
2008	0.238	0.084	0.033	1.250	0.648	0.613	11.435	0.290
2009	0.228	0.074	0.029	0.956	0.526	0.542	11.755	0.291

数据来源：根据 WIOD 整理所得。

（4）完全碳排放强度

在产品的生产过程中，一部分产品作为中间投入被消耗掉，而所消耗的这一部分产品的生产过程中也排放了 CO_2。所以不能直接以最终产品的碳排放量作为碳排放的数量基准，而应当采用最终产品所对应消耗其他部门产品所带来的碳排放总量来测算碳排放。

对于某一行业来说，不仅在自身的生产制造过程中排放了二氧化碳，同时由于依赖于其他产业，也会排放部分二氧化碳。而这一部分二氧化碳在直接碳排放强度中无法体现，需要依赖完全碳排放强度衡量。中国部分行业完全碳排放强度情况如表 12-4 所示。

表 12-4　中国部分行业完全碳排放强度（单位：kg CO$_2$/美元）

年份	农林牧渔业	纺织业	皮革和鞋类	采矿业	化学原料及化学制品	金属制品及机械制造	水电燃气供应	其他服务业
1995	1.6751	2.651	1.935	4.925	6.899	6.762	33.374	3.224
1996	1.638	2.323	1.779	4.801	6.438	6.446	36.561	3.084
1997	1.589	2.092	1.642	4.359	5.761	6.152	33.331	2.747
1998	1.615	2.171	1.706	4.618	5.881	6.214	32.519	2.597
1999	1.521	1.967	1.564	4.067	5.070	5.597	29.485	2.298
2000	1.383	1.886	1.455	3.697	4.800	5.036	29.454	2.025
2001	1.334	1.841	1.395	3.631	4.458	4.771	27.751	1.862
2002	0.968	0.819	0.717	1.840	1.709	1.731	25.895	1.058
2003	1.341	1.926	1.417	3.925	4.341	4.758	28.979	1.771
2004	1.318	1.996	1.448	3.986	4.169	4.709	24.253	1.783
2005	1.303	2.014	1.457	4.110	4.176	4.709	22.832	1.721
2006	1.229	1.927	1.379	4.013	3.977	4.302	25.741	1.606
2007	1.078	1.727	1.239	3.643	3.495	3.734	21.398	1.377
2008	0.885	1.476	1.068	3.458	3.120	3.195	17.448	1.256
2009	0.863	1.417	1.044	3.174	3.017	3.130	17.857	1.245

数据来源：根据 WIOD 整理所得。

如表 12-4 所示，在中国部分行业完全碳排放系数表中，水电燃气供应业的完全碳排放强度相较于其他行业要高出很多，其次是金属制品及机械制造业，纺织业的完全碳排放系数居于中间水平。

（5）完全碳生产率

利用完全碳排放强度可得中国纺织业完全碳生产率，即纺织业每排放一千克二氧化碳可以得到的产出，如表 12-5 表示。

表 12-5　中国部分行业完全碳生产率（单位：美元/kg CO$_2$）

年份	农林牧渔业	纺织品	皮革和鞋类	采矿业	化学原料及化学制品	金属制品及机械制造	水电燃气供应	其他服务业
1995	0.597	0.377	0.517	0.203	0.145	0.148	0.030	0.310
1996	0.610	0.430	0.562	0.208	0.155	0.155	0.027	0.324

续表

年份	农林牧渔业	纺织品	皮革和鞋类	采矿业	化学原料及化学制品	金属制品及机械制造	水电燃气供应	其他服务业
1997	0.630	0.478	0.609	0.229	0.174	0.163	0.030	0.364
1998	0.619	0.461	0.586	0.217	0.170	0.161	0.031	0.385
1999	0.658	0.508	0.639	0.246	0.197	0.179	0.034	0.435
2000	0.723	0.530	0.639	0.270	0.208	0.199	0.034	0.494
2001	0.750	0.543	0.717	0.275	0.224	0.210	0.036	0.537
2002	1.033	0.531	1.394	0.544	0.585	0.578	0.039	0.946
2003	0.746	0.519	0.706	0.255	0.230	0.210	0.035	0.565
2004	0.759	0.501	0.691	0.251	0.240	0.212	0.041	0.561
2005	0.768	0.497	0.686	0.243	0.239	0.212	0.044	0.581
2006	0.814	0.519	0.725	0.249	0.251	0.232	0.039	0.622
2007	0.928	0.579	0.807	0.275	0.286	0.268	0.047	0.726
2008	1.130	0.678	0.936	0.289	0.321	0.313	0.057	0.796
2009	1.158	0.706	0.957	0.315	0.331	0.319	0.056	0.803

数据来源：根据WIOD整理所得。

如表12-5所示，在中国部分行业完全碳生产率表中，纺织业的完全碳生产率居于中间水平，且有平稳上升趋势。

12.3.3 纺织业完全碳生产率估算结果分析

完全碳生产率表示每排放一千克二氧化碳可以带来的产出，数值越大说明单位二氧化碳排放带来的产值越高，效率越高。纺织业与其他34个行业的完全碳生产率比较如图12-1所示，以2009年的数据为例，根据完全碳生产率的计算结果进行比较分析，纺织业的完全碳生产率为0.706 d/kg CO_2。且纺织业在整个行业中排名位列第16名，处于中等水平，说明纺织业的完全碳生产率相较于其他行业较低。

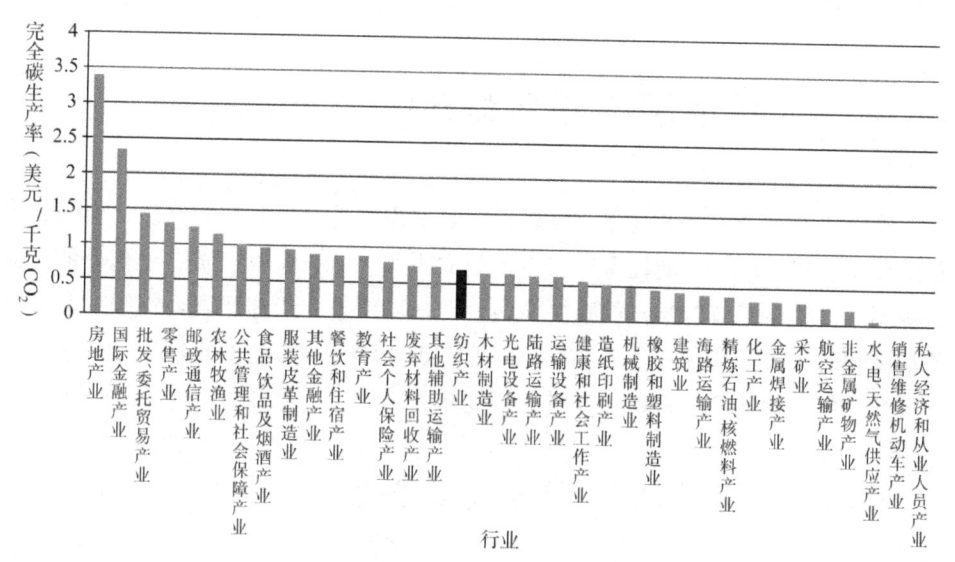

图 12-1　2009 年所有产业完全碳生产率

数据来源：根据 WIOD 整理所得。

1995—2009 年中国纺织业完全碳生产率变化趋势如图 12-2 所示。从图中可以看出，中国纺织业完全碳生产率呈现逐年上升的趋势，特别是 2005 年之后，纺织业的完全碳生产率有了明显的提高。2005 年纺织业的完全碳生产率为 0.497 d/kg CO_2，到了 2009 年纺织业的完全碳生产率提高至 0.706 d/kg CO_2，涨幅高达 42.05%。从纺织业碳生产效率的角度来看，我国纺织业整体的效率有了明显提高。

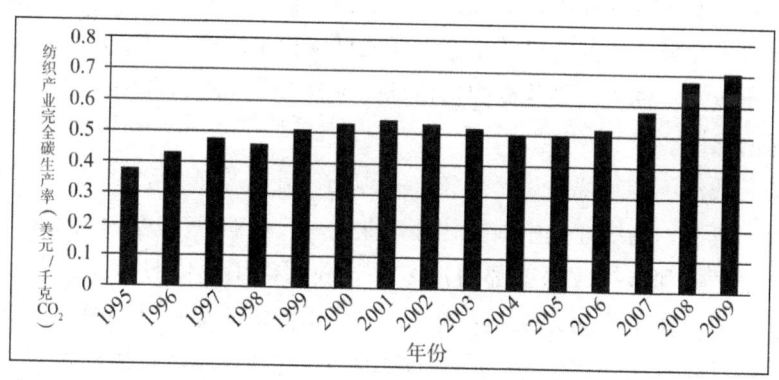

图 12-2　中国纺织产业完全碳生产率

数据来源：根据 WIOD 整理所得。

12.4 中国纺织业产业转移分析

纺织业完全碳生产率逐年升高，这与我国积极进行产业结构升级、引进先进技术设备、降低污染与能耗有着密不可分的联系。纺织业虽然做出了积极的产业结构调整、实施了节能减排的重要措施，但是对于整个产业而言，纺织业对环境的污染相对较大。从优化产业结构、降低纺织业碳排放总量的角度来看，中国可以效仿其他发达国家，将纺织业进行产业转移。

12.4.1 纺织业产业转移背景分析

纺织业是名副其实的高污染产业，我国针对纺织业的低碳化发展做出了许多努力。根据中国网的资料显示，"十二五"期间国家对纺织业做出了新的要求，纺织工业出台了《纺织工业"十二五"发展规划》《建设纺织强国纲要（2011—2020)》两个纲领性文件，其中明确了纺织业的发展目标：单位增加值消耗比2010年降低20%；工业二氧化碳排放强度比2010年降低20%。

我国纺织业完全碳生产率逐年升高，这与我国纺织业在全球的地位和自身的发展趋势是趋同的。早期中国纺织业更多是担当"世界加工厂"的角色，在全球纺织行业中主要承担产品附加值较低、环境污染较大的加工制造环节。随着我国纺织业由过去粗放式、高污染的生产模式向低碳化生产方式发展，以及产业结构逐渐向注重设计、注重营销等高附加值部分调整，我国纺织业完全碳生产率逐步升高也是必然的。

然而，我们不能忽视的是，首先，我国纺织业完全碳生产率在35个行业中并不算高，其次，纺织业是中国支柱性产业之一，拥有极其庞大的规模。即便是单位增加值消耗和碳排放强度都增长20%，我国纺织业依旧面临非常大的碳减排压力。同时，由于劳动力成本的增加、人民币汇率的提高以及国内环境成本的增大，中国纺织业正在逐渐失去过去单纯的加工优势，不适合继续扮演"世界加工厂"这一角色。从我国纺织业长期发展的目标来看，我们亟须进行产业升级和结构调整，从过去低附加值的加工型产业向高附加值的创新型产业转变。

本章意在从产业转移的角度入手，为我国纺织业有效降低碳排放、提高完全碳生产率，寻求切实有效的发展途径。可以从两方面入手：一是将纺织业哪些环节进行转移,二是将纺织业转向何处。

12.4.2 纺织业产业转移内容分析

纺织业整个生产链条可以分为市场调研、创意形成、技术研发、模块制造与组装加工、市场营销、售后服务等环节。以制造加工环节为结点,将全球产业链分为产品研发、制造加工、流通三个环节。其中,制造加工环节属于低附加值、高能耗环节,不仅对环境破坏较大,而且其所带来的经济效益较低,从降低污染、提高纺织业完全碳生产率角度来看,应将制造加工环节向外转移。

纺织业中低能耗、低污染环节:纺织业所有生产环节中,设计研发和市场营销环节处于微笑曲线两端,属于高附加值部分,这两部分不仅对环境的污染没有太大的影响,又是纺织业中经济效益最大的。所以中国纺织业应大力发展设计研发和市场营销环节,保证纺织业对经济发展的驱动作用,同时将纺织业带给环境的污染降到最低。

纺织业中高污染、高能耗环节:纵观纺织业产业链,制造加工环节所带来的附加值最低,同时对环境的污染也最大,不利于纺织业的节能减排。"十一五"期间,纺织行业"节能减排"重点发展的工作之一便是调整产业结构和产品结构,淘汰低档产品。在纺织业生产链条各个环节中,印染环节是纺织行业节能减排工作的重中之重。

据统计,中国纺织行业全过程能耗大致为 4.48 吨标准煤/吨纤维,其中印染行业能耗约为 2.84 吨标准煤/吨纤维,印染行业约占全行业能源消耗的 58.7%。按照 IPCC 提供的标准煤碳排放系数,印染行业碳排放系数约为 7.867 吨 CO_2/吨纤维。毋庸置疑,印染行业是降低碳排放、节约能耗的重点,是提高产品竞争力的关键。

为了降低能耗和污染,纺织行业针对印染环节研发了诸多节能减排技术,包括低浴比印染技术、常温染整技术、数码印花技术等。然而由于消耗原材料总量过大,所以印染和前期环节对环境的污染仍较严重。另外,粘胶及再生纤维、毛麻丝的前处理等加工制造环节也是节能减排工作需要重点关注的环节。

由于纺织业生产的全过程中,研发与营销的附加价值高,因此产业未来的发展方向应朝微笑曲线的两端发展,即加强研发创新环节,同时提高营销与服务水平。从产业转移的角度来说,中国纺织业可以效仿发达国家,将纺织业生产过程中的制造生产部分进行有选择的转移,将印染和前期环节部分转移出去,保留高附加值的设计研发和营销部分。如此，既可以保留纺织业所带来的经济利益，又可以减少对环境的污染。

12.4.3　纺织业产业转移方向分析

从前三次世界纺织业产业转移的发展历程来看，是从发达国家向发展中国家转移，现在中国是最大的纺织业产业转移承接国。随着人们对环境保护意识的日益加强，为了降低纺织业对环境的污染，纺织业产业转移的方向也成为人们关注的焦点。

目前，一些发展中国家，如越南、印度尼西亚、泰国等，正在大力发展纺织业，其纺织品在国际市场上具有较强的竞争力，逐步成为发达国家纺织品新兴进口市场。以越南为例，越南目前共有4 000多家纺织服装企业，2012年纺织服装业营业收入高达200亿美元，其中纺织服装出口金额达170多亿美元，为250万名劳动者创造就业机会，对国内生产总值贡献率达10%。根据中国纺织品进出口商会的数据显示，2014年越南纺织品在美国市场份额增幅达37%，在欧盟市场增幅也将近20%，居几个纺织业新兴国家之首。

根据2011年7月的一项针对纺织业的调查显示，在所有进行调查的纺织企业中，在"对纺织品业最具影响力的外部因素"中劳动力成本、政府政策、环境环保要求、贸易壁垒等因素都会影响纺织业的发展。

(1) 基于劳动力成本的转移方向分析

前三次世界纺织业产业转移的历程表明，当纺织业发展到一定阶段，都会使得承接国的劳动力不足，从而导致劳动力成本上升。纺织业作为劳动密集型产业，高效率和低成本是产业发展的基础。随着经济的发展，纺织业就会向劳动力成本低廉、劳动力资源丰富的国家转移，所以劳动力成本也是直接影响纺织业发展的直接因素。

和中国相比，越南的劳动力成本低廉，同时政府大力支持纺织业的发展。根据越南统计局数据显示，2013年越南纺织业年劳动力成本只有9 673.1元，2013年中国纺织业年劳动力成本达到了24 566.6元，中国劳动力成本是越南劳动力成本的近3倍。

越南纺织业劳动力成本低廉，若将纺织业制造生产部分转移至越南可以大大降低劳动力成本，对我国纺织业而言低成本则可以带来更大的收益。将纺织业产业转移至越南不仅可以利用越南的劳动力优势，更可以促进我国纺织业产业结构升级。

（2）基于环境成本的转移方向分析

由于纺织业属于高污染高能耗产业，给经济带来发展的同时对环境的破坏程度也很大，特别是中央号召实行节能减排、增收碳税之后，中国纺织业的环境成本也随之增加。

相较于中国纺织业环境成本的增加，越南则相反。由于越南一直以来都依靠纺织品出口来带动经济增长，所以政府大力支持纺织业的发展，对环境带来的污染治理也没有中国对纺织业的环境污染治理强度高。所以中国纺织业将制造加工环节转移至越南，在避免了国内高额的环境成本的同时，也降低了纺织业对本国环境的污染。

（3）基于政策导向的转移方向分析

由于越南纺织业迅猛发展，越南政府提出纺织业将在2020年前跻身全球纺织品出口前三强目标。为此，越南政府也为纺织业提供了很多政策的扶持。

1）制订行动计划，提供贸易便利。

2）加大原材料生产，降低成本。

3）增加资本投入，更新机械设备。

4）申请加入TPP。

越南实行的这些政策扶持，使得纺织业发展更加迅猛，有利于中国纺织业将低成本、低附加值的部分向其转移。

（4）基于贸易壁垒的转移方向分析

2005年我国对纺织业取消纺织品配额后，出口形势更加严峻，同时遭受到了更多发达国家对中国纺织业设立的贸易壁垒。资料显示，中国纺织业中，一些实力雄厚的纺织品企业已经开始进行对外投资，把部分附加值低、能耗大的纺织业环节向外转移，利用发达国家与当地的贸易优惠政策，在海外生产从而绕过贸易壁垒。

综上所述，由于人力成本的增加，贸易壁垒问题的加重，以及中国政府对环境保护越来越重视，中国纺织业正在逐渐失去其在国际市场的竞争力。并且，面对产业迫切需要产业结构调整和转型、纺织业低碳化发展的需求，中国纺织业也不适合继续做全球纺织品的加工厂。从整个行业角度来看，将部分附加值较低、污染较高的生产环节转移去越南等国，势必会降低碳排放，提高纺织业的完全碳生产率，并且在一定程度上绕过贸易壁垒，有利于中国纺织品的出口。

12.5 本章小结

中国作为纺织品出口大国，纺织业对于经济的发展有着不可低估的作用。但是随着经济的增长，人们对环境污染等问题越来越重视，而纺织业是名副其实的高污染、高能耗产业，纺织业的发展也成为人们关注的焦点。

本章根据投入产出法计算得到中国纺织业完全碳生产率逐年上升，说明中国纺织业的效率在逐年上升，反映了我国纺织业近年来在产业结构升级、节能减排方面有了明显的进步。但是在所有产业中，纺织业的完全碳生产率较低，位列第16名，说明中国纺织业在所有产业中的效率没有占到优势。

并且纺织业是高污染产业，为了加快产业结构升级、降低能耗与污染，寻求纺织业发展的路径，可以将纺织业进行产业转移。

在纺织业生产过程中，设计研发与销售是高附加值环节，并且对环境的污染程度也较轻，有利于纺织业降低碳排放，提高完全碳生产率，同时对经济的发展也有促进作用。在产业链中，制造加工如印染等初期环节属于低附加值环节，是造成环境污染的主要原因，不利于纺织业节能减排的发展目标。中国纺织业可以将这部分低附加值的环节进行产业转移。这样就达到了政府对于纺织业节能减排的要求，既不影响纺织业对经济的拉动作用，同时又促进纺织业结构升级。

根据纺织业的特点，选取了劳动力成本、环境成本、政府政策和贸易壁垒四个对纺织业影响较大的因素进行分析。以越南为例，由于劳动力成本较低、环境成本较低加之政府的政策扶持，使得中国纺织业将低附加值环节转移至越南，不仅有利于中国对纺织业节能减排的发展要求，同时还能保证我国的经济利益。

综上所述，我国经济发展进入新常态，正从高速增长转向中高速增长，从资源环境上来看，过去能源较为充足，空间也较为富裕，但是随着经济的发展，如今的环境承载能力已经达到上限，绿色低碳、节能减排势在必行。对于纺织业而言，面临着出口形势严峻、环境污染严重等问题，节能减排是减少问题的唯一突破口。为了加快我国纺织业结构升级、响应节能减排的号召，可以将我国纺织业低附加值环节进行产业转移，不仅减少能耗、降低污染，还能保证纺织业对经济的拉动作用。